馬毛島異聞

まげしまいぶん

平山武章 著
Hirayama Takeaya
平山匡利 編
Hirayama Tadayoshi
八板俊輔 写真
Yaita Shunsuke

石風社

馬毛島全景

馬毛島の草原（手前）と種子島の市街地

馬毛島漁区記碑と葉山港

魔立岩屋

右：馬毛島の牛糞の鼻にあった石塔。元は種子島の慈遠寺にあり明治の廃仏毀釈のときに馬毛島に移されたとされる（種子島開発総合センター蔵）
下：江戸時代・文化年間に馬毛島で出土した中国・南宋期の青磁（種子島開発総合センター蔵）

清時の子、三郎の供養塔

1963年から約17年間就航した市営連絡船馬毛島丸（西之表市提供）

高坊港

「馬毛島異聞」序

平山武章《たけあや》さんに私がお会いして話をうかがったのは一九九二（平成四）年秋のことだ。当時、朝日新聞の記者だった私は、鉄砲伝来四五〇周年にあたる翌年の正月企画に鉄砲伝来特集を提案して取材陣に加わり、『鉄砲伝来記』を著した郷土史家、平山さんに原稿の執筆をお願いした。元旦発行の特集紙面では、ポルトガル人の乗った船の漂着地、種子島の最南端・門倉岬で撮影した写真を添え、日本と西洋の出会いという世界史の転機についてわかりやすく解説していただいた。

一九九四（平成六）年に八十四歳で亡くなった平山さんの達筆に再会したのは二〇一一（平成二三）年秋、馬毛島《まげしま》の急激な森林開発をめぐる取材の過程で目にした、この「馬毛島異聞」である。

この長文がいつ、どういう狙いで書かれたのか、正確にはわからない。ただ、種子島と馬毛島を結ぶ西之表市営の連絡船・馬毛島丸（十九トン）が就航した一九六三（昭和三八）年以降であろうことと、馬毛島の将来についての憂いが文面から読み取れる。

馬毛島は鹿児島県大隅半島の南四〇キロメートルにある種子島の西方一二キロに位置する。周囲一二キロの「離島の離島」は二〇一一年、米空母艦載機の離着陸訓練（ＦＣＬＰ）の候補地として日米両政府が共同発表している。

地元では馬毛島の軍事利用への反対が多数派だが、逆に自衛隊誘致に賛成する主張が、過疎の進む島の経済活性化論や、国境の島をめぐる昨今の韓国、中国との緊張関係とも絡んで声高になっている面がある。

「馬毛島異聞」は、十三世紀初めに種子島、屋久島など十二島の領主となった種子島家の史料「種子島家譜」の記述を軸に、史実と伝説、創作を織り交ぜて二十世紀半ばの昭和期に至るまで、馬毛島と人間との関わりを立体的に描いている。

内容の一部をかいつまむと、領主のお家騒動の犠牲者を供養したと目される石塔、源氏から平家一門への統治者交代絡みで種子島から遷座した八幡宮、若い角が薬にされたマゲシカの薩摩藩主への献上、ソテツの実が飢饉下の島人の命を救い、さらに植林した種子島家の施策、密貿易船を見張る船見番所の設置、種子島の漁民の漁業権の由来を記した石碑……と続く。

馬毛島の北東部、葉山港近くに立つ石碑「馬毛島漁区記」の格調高い文章を書いたのは平山さんの祖父、平山寛蔵である。士族だった寛蔵は、漁業基地以外を緑地としたが、明治維新で政府に返した。

その後の馬毛島には牛や羊の牧場ができ、戦後は種子島の島民らが移住して農地を開拓し、最盛期の一九五九年には一一三世帯五二八人が暮らした。防風林や、魚類の繁殖を助ける魚つき保安林が植えられ、製糖工場も設けられた。

新天地で、島民は厳しい自然や病虫害とも格闘した。他方、日本列島がバブル経済へと突き進み、馬毛島は銀行系企業による土地買い占めの渦に巻き込まれ、レジャー施設などの開発構想が次々にわき起こる。そして、石油備蓄基地の誘致計画を機に八〇年、開拓農地を手放し、全島民が島を後にした。

「馬毛島異聞」の約百枚の原稿は、種子島の西之表市で介護施設を経営する平山匡利さんの手元にある。武章さんの長男である匡利さんは、父の遺品整理中、几帳面に綴じ込まれ、黄ばんだ原稿用紙を見つけた。

七十代だった平山さんが八三（昭和五八）年に編集、出版した『写真集・明治大正昭和・西之表』には馬毛島の写真が十八枚掲載され、全体の一割を占めている。このころは、馬毛島への石油備蓄基地の誘致が不首尾に終わり、土地利用が迷走を始める時期にあたる。

この「馬毛島異聞」には、行方の定まらぬ島の将来への懸念とともに、史家として蓄えた「馬毛島像」を書き残そうとする執念が感じられる。故郷の歴史に重要な役割を果たしてきた馬毛島に愛着を抱くとともに、先祖が深く関わった土地への責任感も加わって執筆を進めていたことは想像に難くない。

約八二〇ヘクタールの馬毛島は今、一企業が九九パーセントを所有する。見方を変えれば、一パーセントとはいえ、なお六ヘクタールもの土地には、校舎の残る馬毛島小・中学校の敷地、買収に応じていない個人の農地、港湾、神社など市や国の所有地、漁民らの共有地が在ることも忘れてはなるまい。

住民が去った後の馬毛島は、ひとくちに「無人島」と言われるが、決して未開、不毛の地ではない。

馬毛島に暮らした人々が、汗のしみ込む農地や宅地の買収に応じて島を出たのは、より良い島の活用を信じ、種子島など地域住民の幸福を願ってのことであった。
今年は一五四三（天文一三）年とされる鉄砲伝来から四七〇年。島に生きる史家が心血を注いだ遺稿は、没後二十年を経て、いぶし銀の光を放っている。

二〇一三年八月

八板俊輔

馬毛島異聞◉目次

＊本書掲載の写真は、一部を除き、著者が『ふるさとの想い出・写真集　明治大正昭和・西之表』（平山武章編、国書刊行会）の編集の際収集したものである。なお表紙カバーと口絵のカラー写真ならびに本文中の写真（16頁、19頁、25頁、97頁、98頁）は、八板俊輔氏の撮影による。

馬毛島異聞

平山武章

＊本書は、引用部分を含めほぼ著者の原稿のままです。ただし粁等の単位については読みやすさを考え、カタカナに改めています。また、元原稿にはなかった写真、地図、文中見出しを付しています。

三郎の弑殺——お家騒動か

西之表市《にしのおもて》の西方十二キロメートルの海上に浮かぶ島を馬毛島《まげしま》といいます。周囲は十二キロメートル、地図の上では、北を頂点とした三角形に近い島で、最高地点でも僅か七十三メートルに過ぎない平坦《へいたん》さ。それが全島ほとんど萱《かや》に蔽《おお》われていて、この七十三メートルの岳《たけ》の越《こし》と呼ばれる丘の上に立つと、大陸の大草原に迷い込んだような気持ちになるから妙であります。

島の西側は珊瑚礁《さんごしょう》と岩礁《がんしょう》がつづき、東側はこうした岩礁の内側に、ソテツの群落《ぐんらく》を中心として灌木林《かんぼく》がひろがっています。

其の中に、二ヶ所の船溜《ふなだま》りがありますが、中央の方は高坊《たかぼう》で、北の方は葉山、そしてここ葉山が島の玄関といえましょう。

いま、種子島と馬毛島を結ぶ西之表市営の連絡船、鉄製十九トンの貨客船・馬毛島丸は、約一時間で西之表港と葉山港とを結ぶのであります。

上ノ岬
塔の崎
王籠港《おうこもりこう》
小瀬
片平瀬
葉山港
牛糞の鼻
大平瀬
西《にし》之《の》表《おもて》市
馬毛島
岳之腰(越)
垣瀬
横瀬
人瀬
高坊港
女瀬
下ノ岬
ツマ崎
高瀬
甑島
鹿児島
宇治群島
三 島 村
馬毛島
草垣群島
黒島
竹島
東シナ海
硫黄島
種子島
口永良部島
屋久島

昔は、鹿の皮の他には産物なしとして見捨てられた馬毛島、又、時には船の墓場として恐れられた馬毛島、或る時は種子島家の流罪《るざい》地とされたこともある不遇《ふぐう》の島でしたが、藩政時代の後期からは水産資源が開発せられて、島の経済価値は大分見直されるにいたりました。

特に宝暦年間にトビウオ漁が始まり、島主から漁業権を許可された、洲之崎、池田、湊《あま》泊《どまり》の三ヶ浦の漁区となってからは、島の形体も相当に変ったといえましょう。トビウオ漁の五、六月の二ヶ月間は、浦をあげて馬毛島に移動するようになり、葉山や高坊には、その為の漁小屋が、萱葺《かやぶ》きの小さな棟《むね》を寄せ合うようになりました。

与えられた用地は、網干場と、この小屋の屋根葺き用の萱切場を含めて認められたものだったのです。

今でこそ、トビウオ漁、開拓、酪農の島として広く注目を集めている此の島も、戦前までは、この漁期以外は無人島として、ただ鹿の跳梁《ちょうりょう》にまかせてあったといえましょう。

さて、此の馬毛島が、記録にまず名をあらわすのは種子島家譜の第一巻であります。この家譜は寿永二年に筆を起こし、明治二十三年に終る、種子島家の公式記録で、全八十九巻に及ぶ浩瀚《こうかん》なものであります。其の中に

三郎（清時の子）

人と為り暴悪にして家を嗣《つ》ぐの器《うつわ》にあらず、群臣相議し、佯《いつわ》りて馬毛島に田猟《かり》するまね

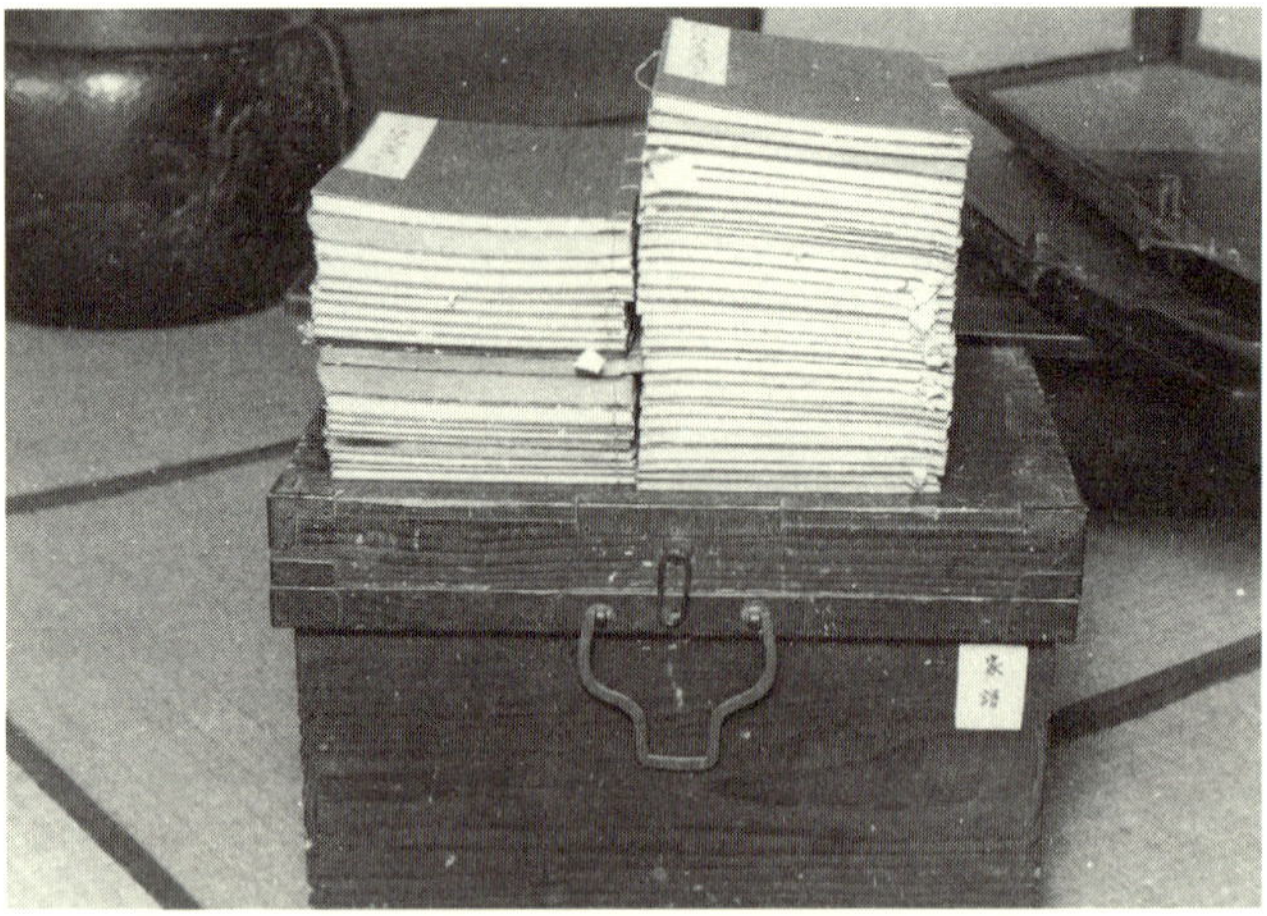

種子島家譜

して之《これ》を弑す。時に年十七（後、善入院隆三日住居士と諡《おくりな》す）

とあります。

これだけでは時代も分らず、内容もつかめませんが、まず清時というのは第八代島主のことであります。此の清時は貞治元年（一三六二）に生れ、応永三十四年（一四二七）に六十六歳で没しました。

此の清時には次のような子供が居ます。

長子　三郎
二男　時長　応永八年生
三男　幡時　応永十二年生
四男　時里
五男　喜道
六男　日恵
七男　時由

他に女子五人

生れ年が明記されているのは二男と三男のみで、長子・三郎については記載《きさい》もれでありま す。或は故意に記載しなかったのかもしれませんが。

そこで二男・時長の方から推定して、三郎は応永五年前後の生れと考えられましょう。すると、十七歳の時殺されたのですから、事件は応永二十二・三年ごろと想像できます。

この頃は、中央はもとより、地方もまた戦乱から戦乱の絶え間はなく、薩摩に於ても、応永二十一年（一四一四）八月六日には、島津久豊が伊集院頼久を給黎《くれ》城に攻めるという大事件があります。

しかし、それはそれとして、三郎弑逆《しいぎゃく》は問題であります。殊に、家を嗣《つ》ぐの器《うつわ》に非ず、ということで、群臣相謀《はか》りこれを行ったとは肯《うなず》き難いことであります。

戦国乱世のならいで、下剋上《げこくじょう》とか弑逆《しいぎゃく》があったことは事例にこと欠きませんが、此の場合は不審に満ちています。

曾つて第六代島主・時充の代にも、相続問題にからむ養子殺害事件があり、第八代・清時も亦、相続問題から叔母の子を殺したのですが、この三郎殺害も相続問題に絡《から》む御家騒動ではないかと思うのです。

記録のように、三郎その人が暴悪無道だったのではなく、彼こそはいたましい犠牲《ぎせい》者だったのではないでしょうか。

三郎の塚か

明和七年（一七七〇）島主久芳が、馬毛島に十二面観音を安置したのも、この三郎の冥福《めいふく》を祈るためでありました。

又、安政三年（一八五六）一月十一日には、時の第二十三代名跡・松寿院が、善入院隆三日住《にちじゅう》居士《こじ》こと三郎を、内城に近い松下坂に祀《まつ》り、降福権現と追号したのも、その冥福のためでした。

前述した、時充が殺した養子・又太郎を、宝光権現と追号し祀《まつ》ったのと、清時が殺した叔母の子・野辺盛純を若宮日妙居士として本妙院を追号し祀《まつ》ったのと、総ては同じケースと考えてよいと思うのです。

第十一代島主時氏と三島改宗

此の第八代清時の跡を嗣《つ》いだのは二男時長ですが、時長は年三十六で死亡、その跡は三男幡時《はたとき》が嗣ぐことになります。

ところが、この第十代幡時がまた謎《なぞ》に満ちた人物で、その性行、業績等これを詳《つまび》らかにすることは出来ません。

種子島家譜は、幡時について

幡時、若年より天建の法を行い、紀州熊野権現を崇信して毎年詣《もう》ず。毎《つね》に船を日州細島の津に寄せて留滞《りゅうたい》するの際、黒木某の女《むすめ》に通じて男子を生む。三郎二郎これなり。大会《だいえ》寺《じ》喜道、幡時の嗣子《しし》無きを憂《うれ》い、三郎二郎を招いて世を嗣がしめんことを群臣に議す。半は可とし半は不可とす。喜道曰《いわ》く「三郎二郎なる者は正しく是れ幡時の子なり、之をおいて誰か家を嗣がんや」と、是れに由って、西村時之、安納実信、節を持して細島に到り、長禄二年、三郎二郎を迎えて現和村庄司浦に帰る。即ち新に室を古田村に営みて居らしむ。

此の時、三郎二郎は年十二でありました。

次いで、寛正三年（一四六二）次のような記録があります。

八月十七日、左近将監幡時卒す。年五十八、法号天融清幡。或いは云う、増田村魔立《また》岩屋に卒す。常に是処《このところ》に於て天建の術を修すと。

此の三郎二郎は、幡時の跡を嗣《つ》いで第十一代島主となった時氏でありますが、彼の襲家《しゅうか》には叔父時里の反対がなお後《あと》を曳《ひ》くことになります。

此の魔立岩屋《まだてのいわや》は、種子島の東海岸のほぼ中央に位し、太平洋の巨濤による波蝕《はしょく》作用で、変成岩の断崖に大洞窟が造られているのです。騎馬のまま数百人が入ることが出来ると言われ、その故為《せい》か、馬立岩屋と記された記録もあります。

ここに籠《こ》もって、幡時が修業した天建の術とは、一体、何であったのでしょうか。真言密教の修法《しゅほう》か、記録通りとすれば熊野の修験道《しゅげんどう》か、それを明らかにし得ないのは残念なことであります。

ところで、時氏襲家に先だって、種子島家譜に及の記録があるのです。其の他にも

魔立の岩屋

是れより前《さき》、種子島は律宗なり、沙門義賛なる者ありて、南部の興福寺に学ぶ、まさに郷里に帰らんとす。泉州堺ノ浦に到りて西国船を待ち、瞽者《こしゃ》・代都が家に宿りて日を重ぬ。代都なる者は法華宗なり。義賛、之と語りて宗旨《しゅうし》の事に及ぶ、因《よ》って義賛を勧《すす》めて、其の師、顕本寺日浄に見《まみ》えしむ。又、日浄に随って尼崎の本興寺に到り、日隆上人に謁《えっ》して法華宗に起伏し、名を浄源院日典と改む。(時に嘉吉・文安の間)ますます学問を励み、頗《すこぶ》る其の道に通ず。本興寺に住すること年あり、既にして種子島に帰る。(康正、長禄年間か)僧俗《そうぞく》その法を誹《そし》り日典を悪《にく》み、或は謀《はか》りて殺害せんとする者あり。日典これを厭《いと》わず、庵室《あんしつ》を蔵野《くらの》の傍《かたわら》に結んで法を説く。時氏の近習に徳永右衛門という者あり、偶々《たまたま》日典の説法《せっぽう》を聞きて時氏に告ぐ。時氏これを

魔立の岩屋内部、幡時を祀る祀堂（昭和 30 年ごろ）

怪みて一夜ひそかに草庵《そうあん》に到り、法を聴《き》いて之を信ず、然れども世人之を知る無し。

寛正四年四月二十一日、浄源院日典遷化《せんげ》す年六十三。蔵野《くらの》の産、故に蔵野に葬る。

寛正六年、日典の弟子、淡州の沙門《しゃもん》浄光院日良《にちりょう》来る。（或は言う、日典日良と相約して曰く「我が三島《さんとう》をして悉《ことごと》く法華に帰せしめん、我れ先ず往《ゆ》きて之を諭《さと》し、成らずんば則ち子《し》来りて之を導け」と、日良諾《だく》すと云う）

文正応仁年間、日良法華を説《と》く、時氏法談を聴《き》くこと数回、之を信ずることますます深し、是に於て宗門を改む。三島（種子島、屋久島、恵良部島）はじめて法華に帰す。大会寺《だいえじ》喜道、慈遠寺《じおんじ》円林（共に時氏の叔父）宗旨を改めず、中之村河内に隠居す。

文明元年（一四六九）時氏、本源寺（山号吉祥山《きっしょうざん》）を建て、浄光院日良を以て開山となす。

この一連の記録は、三島《さんとう》律宗から、一転して三島法華宗へという、前例を見ない宗教革命《かくめい》を伝えるものですが、こうした時代を背景として、馬毛島の葉山に、住吉の八幡宮が遷座《せんざ》することになるのです。

馬毛島葉山八幡宮縁起を見てみましょう。

建久中、上妻若狭守政真地頭職となり、大浦口氏、代官として筑後国上妻郡より種子島に来り、島治を司って泊《うるお》す。受封《じゅほう》公（諱・信基）南海十二島に封ぜられ、公、政真が島治を諳《そらん》ずるを以って、待つに賓礼《ひんれい》を以ってす。予《かね》て住吉村の政務を補佐《ほさ》せしめられ、遂に知遇《ちぐう》に感じ君臣となる。是より先、政真、八幡宮を尊崇、奉戴《ほうたい》して任に赴く。是に於て地を采邑《さいゆう》住吉村能野《よきの》片山に卜《ぼく》して祠堂《しどう》を造営し、圭田《けいでん》を寄す（字葉山田）上下遐邇《かじ》、崇敬すること甚深なり。後年故有って馬毛島葉山に奉安す（拠上妻氏旧記）

編者曰く、懐中島記（元禄三年上妻隆直編）を按《あん》ずるに、住吉村に漁夫與次なる者あり、嘗《か》つて海中に没して一巨鐘を得たり。曰く、「尚一つ有り、持ち来らんか、再び没入して遂に還《かえ》らず。世人竜宮に到ると伝う。鐘を揚《あ》げし処を與次ヶ瀬《よじがせ》と称す。其の鐘を片山八幡宮に寄進す。本島無二の珍宝なり。

改宗の際、竜華山大会寺に遷《うつ》す。時に虫蝕あり、三山の僧侶、肝膽《かんたん》を砕いて祈禱《きとう》すといえど効無く、遂に蝕盡《しょくじん》す。惜しむべきなり。改宗を意《おも》うは即ち日翁公（諱・時氏）律宗を改めて法華宗となすの時なり。馬毛島・葉山に奉安せしは蓋《けだ》し此の時か。

又曰く、片山は加多乃山と唱《とな》え、葉山は波山と唱う。而して片、葉、国訓は倶《とも》に波（は）なり。片又訓加多（かた）にしてこれ即ち助辞なり。是に在って曰く、加多乃山は彼に在っては波山と曰う。是は実にして名異るなり。然して片山に於て徴《ちょう》する圭田、字《あざ》は葉山田と曰う。則ち加多乃は訛《なま》りて波山と唱うる者となすべし。正しくは片山と書す可く、或は当時忌諱すべき者あって葉山と書きしか、二項は記して後雅に質《ただ》さん。

馬毛島は古来領主、三浦（池田、洲之崎、湰泊）に賜う。吾が池田は三浦の長宗なり。故に春蒐秋祭、維に奉仕し虔《つつし》んで洒帚《しゃそう》懈《おこた》り靡《な》し。然るに頃年《けいねん》堂宇傾頽《けいたい》し頗る神威を冒瀆《ぼうとく》するを惶《おそ》れて工を起し、且つ浄財を四方に募る。崇敬する人士争うて義嚢《ぎのう》を呿《ひら》き、日ならずして竣工し悉く旧観を復す。神慮《しんりょ》また慰むるに足るべきなり。この時昭和己巳四年五月なり。事を奉ずる者は理事・深田虎吉。

遠藤　家弘謹撰、并書

さて、此の縁起書では、與次ヶ瀬から揚《あ》がった巨鐘の蝕尽《しょくじん》したことと、八幡宮の葉山遷座《せんざ》と、一見無関係に見える二件が述べられています。

與次ヶ瀬の鐘は、当時まで律宗であった大会寺か慈遠寺の鐘を、法華宗への改宗の際、誰かが能野の海に葬ったのではありますまいか。それが再発見と共に蝕尽《しょくじん》したとして、改宗への無言の抵抗を示したという見方も成り立ちそうです。

三山の僧侶、肝胆《かんたん》を砕《くだ》いて祈禱《きとう》すと雖も効なく、から推測しますと、事は文明元年（一四六九）以後ということになります。

慈遠寺の円林は、のち法華宗に改めましたが、大会寺《だいえじ》の喜道は最後まで律宗をすてず、上中村の河内に蟄居《ちっきょ》して世を終った人。巨鐘は先ず八幡宮に寄進され、更に改宗の際、大会寺に遷《うつ》された、という記述に何か関連がありそうに思えるのです。

それと共に、三島改宗を断行した時氏への批判も。時氏は幡時の他国での落し胤《だね》であることは先に述べました。それだけに、その襲封《しゅうほう》の際は相当の悶着《もんちゃく》のあった事も、その時、時氏を全面的に支持したのが、大会寺・喜道であった事も、家譜に明記してある通りであります。

ところが此の時氏は、その恩人の喜道には何等はかることなく、三島改宗を断行したのです。喜道の派に属する人々の、それなりの抵抗も故なきにあらずであります。

規模《きぼ》は小なりとは言え、矢張り宗教革命であります。それをやってのけた所に、入り者と言われた島主・時氏の感覚ないしは意図《いと》が読める思いがします。そして八幡宮の遷座《せんざ》もこの点で結びつくのであります。

前にあげた縁起書の中の、上妻若狭守について、上妻家の系図は次の通りであります。

従五位下・上妻五郎左衛門若狭守下野国ニ住ス。兄某ト相共ニ筑後国ニ下向シ上妻ニ住居ス。時ニ建久年中、種子島年貢《ねんぐ》奉行・大浦口氏ニ従ヒ上妻若狭守・八幡神ヲ守護シテ種子島ニ下向ス。年ヲ経《へ》テ大浦口氏鎌倉ニ在リ、茲ニ於テ若狭守目代ト為ル。旧島主御先祖信基種子島ヲ領シ下着ス。然ドモ若狭守尚ホ年貢運送等ノ儀ヲ庁ス。后チ《の》領主信基ト君臣ノ約ヲ為シ奉リ、若狭守ニ住吉村ヲ賜フ。之ニ依リ若狭守住吉村ニ住居ス。其時八幡神ヲ能野・片ノ山ニ奉ジ社宮ヲ新造ス。其年ヨリ神地字片山田ヲ家来戸左衛門耕耘ストゴフ。后年、片山八幡神宮ヲ馬毛島葉山ニ移シ奉ル。

種子島家が平家であることは言うまでもありませんが、この系図でもわかる通り、上妻氏は鎌倉方の家臣で源氏であります。それが源氏の守護神である八幡神を、種子島に鎮座させているのですから目障《めざわ》りです。

しかも、片山八幡宮前では、島主といえども下乗《げじょう》が慣例《かんれい》であったようで、これまた時氏の癇《かん》にさわったのは当然でしょう。

片山と葉山が同訓なのをいい材料として、八幡宮を能野《よきの》から馬毛島に追い出したというのが遷座《せんざ》の実態で、これによって源氏系やその他外様《とざま》への弾圧を行ったと言えましょう。

事実、この第十一代から、種子島統治が確立し、軌道《きどう》にのったと見ることが出来ます。

今、葉山八幡宮は、馬毛島の葉山浦の背後、低い丘の蘇鉄林の中に、捜《さが》さなければ分らぬように、小さくしずまって居ます。

此の小さな祠《ほこら》に、種子島統治の混乱期の一駒《ひとこま》を思うのは、もはや私一人なのかもしれません。

現在の形之山（葉山）八幡神社＝西之表市住吉

尚《なお》、上妻若狭守が、そのまま種子島に定着した理由としては、二十家文書といわれるものに次のように記してあります。

私先祖上妻若狭守事

頼朝公の時代、鎌倉御飛入地の節、種子島年《ねん》貢奉行《ぐぶぎょう》仰せ付けられ、御当地に罷《まか》り下り数年罷《まか》り居り候処に

御先祖様、当島御領地に相成り、御下り遊ばされ候節、五人の御家来衆御供にて罷り下られ申す由にて、御先祖上妻若狭守こと、鎌倉に限り罷り上る筈の処に、右五士の衆より留り置かるを頼み奉り、君臣の約をなして、御奉公仕り来り罷り居り申し候。右五士の子孫二十人衆の由にて、其後五家より相分れ二十人家相立てし段申し伝へ候。

此の文章では、五士が若狭守に対して島に留《とど》ま

るよう頼んだのか、或は島主信基に対して、若狭守を島に留めるよう頼んだのか、そこらは曖昧《あいまい》でありますが、とまれ、此の五士というのは、松下、田中、三浦、樋口、中村、の五氏で、のち二十家と発展しても、種子島家にとって股肱《ここう》の臣として頼まれた所以《ゆえん》であります。

馬毛鹿

さて、言わば芥子粒《けしつぶ》ほどの小さな島、全島萱《かや》におおわれた此の島が、一頃《ひところ》は鹿一万頭といわれたのですから驚きます。その他に猪《いのしし》、狸も居たのは事実ですが、鹿はともかく、猪や狸が、どうして此の孤島に棲《す》みついたのか、不思議といえば不思議であります。

しかし現在は狸は勿論、猪も見受けられず、鹿もまた絶滅に瀕《ひん》しているのです。

猪については、家譜に次の記事があり、これから様々の事が想像されます。

天正十四年丙戌、久時、馬毛島に狩す。西村二郎四郎時祐、大猪に遇《あ》いて将《まさ》に之を刺《さ》さんとす。歯牙に触れて股に傷つき痛んで死す。年十九。

前に述べた三郎殺しも、馬毛島の狩りに事よせて行われたものでしたが、此の二例にとどまらず、種子島の将士の訓練は、よく此の島で行われたのであります。

その度に、強敵猪がまず槍玉にあげられて敗残の一途《いっと》を辿り、狡猾《こうかつ》な狸もまた其の後を追う結果となったと思われます。
しかし此の猪の滅亡によって、馬毛島は蝮《まむし》の島として恐れられるようになります。蝮の大敵が猪だった事を考えると、此の結果は至極《しごく》当然のことでありましょう。
さて此の島の鹿でありますが、屋久鹿、種子鹿とも違った、馬毛鹿と名付けられるべき亜《あ》種《しゅ》であると聞きますが、これに最も注目したのは島津重豪でありました。この重豪と鹿との事を種子島家譜に拾ってみますと

宝暦十二年、重豪公の命を奉じて鹿（牡十、牝二十）を献ず。

宝暦十三年八月、重豪公の命を蒙りて鹿（牡二十、牝二十五）を阿久根に献ず。

明和四年十月十三日、重豪公の命を蒙りて、鹿（牡二十九、牝十四）を大儀館《おおいそやしき》に献ず。

とあります。
この三つの記録には、馬毛島という地名は全く出てきません。しかし、種子島では、鹿を獲《と》ることはかなり困難な状態になっていました。数が相当に減っていたということでしょうか。

たとえば、寛水元年（一六二四）六月八日の家譜の記録にはこういうのがあります。

忠時、安城村芦野《あしの》に猟《かり》す。（之を立《たて》という、炬火を以て山野を囲み、明日馬上鹿を逐《お》うて之を射る、古例あり）射手は肥後内記信光（一を得たり）東市右衛門重氏、武田主税宗次、河野後藤兵衛重安（以上騎馬装束）西村越前時昌、平山内膳友嘉（以上二人装束なし）なり。

この立《たて》というのは、全島から勢子《せこ》を繰《く》り出しての、壮大な巻狩《まきが》りなのですが、獲物は僅に鹿一頭という結果であります。この巻狩りを、武田主税宗次の系図に見てみましょう。

寛永元年甲子六月八日、忠時公、安城村芦野に狩す。之を立と名づく。前夜、炬火を以て山野を阻断《そだん》し、明日馬上、鹿を射《い》る。是れ旧章《きゅうしょう》に由《よ》るなり。射手、騎馬装束、肥後内記信光（鹿一を獲たり）東市正重氏、武田主税宗次、河野後藤左衛門重、西村越前時昌、平山内膳友嘉。時昌、友嘉、装束なし（重氏以下五氏、鹿を獲《え》ず）

両者を較《くら》べると、東と河野の名前に少し違いがあるだけで、内容に間違いは無いようです。とにかく、種子島で一番の狩場で、こうした巻狩りをしても、獲物は僅かに一頭というていたらくなのです。

例年、一月六日は初狩りといって、小規模な鹿狩りを行ったのですが、ほとんど獲物なし、で終っています。

そういう状態だけに、次のような事件も起きたと言えましょう。家譜、享和元年の記事であります。

六月、馬役・知覧才右衛門を免じて寺入（本因寺）五年。平山治助、阿世知清之助（平山は本善寺、阿世知は遠妙寺）五年。足軽・椨田助蔵、林森八（椨田は本隆寺、林は日輪寺）三年。馬毛島の鹿を盗むを以てなり。

すなわち、鹿を獲《と》るには馬毛島に行くほか無し、というのが常識であり、事実であったのです。

島津重豪公に献上した百十八頭の鹿は、それは全部馬毛鹿であった、と断定出来る所以《ゆえん》であります。

重豪が鹿を集めた目的は、これは推測《すいそく》する以外はありませんが、経済価値と医療《いりょう》価値を考えての事ではなかったでしょうか。

鹿革が、当時、武具その他の製作上、どんなに重要な材料であったかは言うまでもありません。鹿の角また然《しか》りであります。

しかも鹿茸《ろくじょう》といわれる若い角《つの》、これは袋角《ふくろつの》とも言われるのですが、これが貴重な薬であった事も見逃せません。

文化、文政、天保時代は、種子島も饑饉《ききん》が相つぎ、悪疫《あくえき》流行という暗い年代であります。家譜にも随所に此の暗い記事を見るのでありますが、其の二・三をあげてみましょう。

天保八年一月二十一日、即今疱瘡《ほうそう》流行し、悪痘多くして夭亡《わかじに》する者甚多し。故に三ヶ寺の僧徒をして、本源寺に会同して軽安を祈らしむ。

二月

松寿院殿、鶴膏《かくこう》を痘《とう》を患《わずら》う者に賜いて難痘を治せしむ。諸人、恩恵の辱《かたじけ》なきを拝す。

四月

痘疹《とうしん》（ホーソー）流行するを以て、馬毛島に狩して鹿茸《ろくじょう》を取る。家村氏、往きて狩を観る。

此の家村氏とは、島津藩用頼《ようだのみ》・家村清兵衛のことで、狩を観《み》るは決して単なる見物ではないのです。鹿茸の取り過ぎがないよう監督すると共に、島津藩用の鹿茸を確保するのも其の用件だったのです。

それ以外に文政五年に、種子島家は太守斉宣《なりのぶ》に鹿四頭を献上しています。家譜に五月十七日、馬毛島の鹿（牡二頭、牝二頭）を太守公に献上す。

とありますのがこれで、これは斉宣が愛玩《あいがん》用として、磯の庭園かどこかに飼うたものと推定できます。

とまれ、こうした記録を見るにつけても、馬毛鹿の衰滅《すいめつ》は惜しまれてなりません。かつて、世界の珍獣ウシウマを絶滅させた種子島であります。あの悔《く》いを繰り返してはならないと思うのでありますが……。

さて、鶴膏とか鹿茸とかいう漢方薬について、私は全く無知なのでありますが、家譜の記事を鵜呑《うの》みにして、これが種子島の痘瘡治癒《ちゆ》に効果があったとしましょう。

すると、まさしく馬毛鹿さまさまであります。しかし現実は、痘瘡流行はその後も繰り返し、其の都度《つど》多くの犠牲者を出し、ほんとうに疱瘡を退治出来るようになったのは、文久元年（一八六一）河東三折が種子島で種痘《しゅとう》を始めてからであります。

ところが、此のさまさまを奉《たてまつ》るのにふさわしいものが、実はも一つあるのです。

それは冒頭《ぼうとう》にも記しましたが、馬毛島の東海岸一帯に繁るソテツなのです。

飢饉と蘇鉄

文化、文政、天保の凶年についても既に述べましたが、ここに文化一・二年の凶歳ぶりを家譜の記事に見ますと

元年三月廿日・廿一日、大雨。

元年五月十九日、大雨。

元年六月、一島飢饉《ききん》、一島蝗害《こうがい》。十五・十六両日、本源寺にて雨乞い祈禱。

元年七月二十五日、大風。

元年八月二十日、今年は曾ってなき凶歳にして風は木を抜き蝗は稲を枯らし、飢饉深刻なるを以て、稲の全滅せし地はその役米を、いくらかを残せる地は其の半ばを減ず。

元年八月二十九日、大風。上書して、他国より米を購入し、以て飢饉を救わんことを請う。

元年九月、大いに飢饉するを以て、重出米、牛馬の口銭を減ぜられんことを請う。

元年十月、悪疫流行して人多く死し牛馬に及ぶ。僧徒をして祈らしむ。

元年十一月、吾が地の人民の飢を救わんが為に、定賦《じょうふ》外の米を納むることを免ぜられんことを請う。若し不可ならば米銭を仮貸せられよと。官、貢税《こうぜい》を免ぜずして銀三十貫を貸す

元年十二月、吾が地凶歳なるを以て、鹿児島の商人原田十次郎、米百石を貸す

二年二月、去年凶歳なりしを以て、種籾千俵を官に請う。今これを一島の庶民に与う。

二年三月、西之表村蝗害、僧徒をして祓《はら》わしむ。

馬毛島の蘇鉄

吾が民、飢労するを以て官に米千石の貸与を請う。

二年四月、人民の飢餓《きが》、府庫の困窮《こんきゅう》と、島の危急に際し、万民を済《すく》い家を斉《ととの》うべく、諸吏の力行をうながす。

二年六月、一島の飢餓ますます甚し。島中の小舟ことごとく馬毛島に到りて蘇鉄を取る。これを粉末となし、水に浸《した》して食となす。これによって命をつなぐ者数百千人なり。

二年八月、飢饉に加うるに悪疫流行するを以て、寺社及び諸士以下の禄地の税を減ず。

二年九月、春より秋に至るまで、他国より米を買いて士庶人の飢を救うこと凡そ千百

二十二石なり。かつ家老、医者をして島内を巡廻して飢を救い、病を治すといえども死者ほとんど千人なり

これらの記事は更に、三年四年と続くのでありますが、二年六月の記事にある通り、馬毛島の蘇鉄が、その時点に於て、実に数百千人の命を飢餓から救ったのであります。まさしく蘇鉄さまさまであります。

そして文化五年、家譜は次のように記しているのです。

三月十日、家老上妻七兵衛宗愛《むねちか》をして馬毛島に蘇鉄を植え、野火を禁ぜしむ。往年子《ね》より丑《うし》（文化元年より二年）に至るまで、島中大いに飢饉す。此の時、馬毛島の蘇鉄によって生命をつなぎし者数を知らず、故にこの策あり。

此の農林行政を消極的と見るなかれ、私はすばらしい為政《いせい》の姿だと思うのです。

物言わぬ蘇鉄は、今は観光の一景物に過ぎなくなったかの観があります。しかもそれすら、乱掘の憂目《うきめ》にあっている悲しむべき現状なのであります。

船見番所と島流し

萱《かや》と蘇鉄と鹿と蝮《まむし》の島、この馬毛島が、種子島と目と鼻の所にありながら、人間の定着をこばんだのか、それとも、人間の方がそれを拒否したのか、とにかく久しい間、無人島のまま打ち棄てられたことは前に述べた通りであります。

当時、既に、志布志、坊の津をはじめとして、屋久島の一湊、安房、口永良部島の本村などを密貿易港として、藩の財政確立をはかった島津藩としては、馬毛島の占《し》める位置は非常に重大なものでありました。

その殆んどの航路が、馬毛島の近海を通っているのです。

それゆえ、もし此の無人島で難破すれば、折角《せっかく》の唐貨も、元《もと》も子《こ》もありません。又、他国の密貿易船や私貿易船を見張る屈強の、番所としての島でもあります。家譜、宝暦元年に次の記事があります。

五月二十八日、官、家老かわるがわる馬毛島に渡りて、往来の船を監察《かんさつ》すべきことを命ず。

此の官というのは勿論《もちろん》島津藩のことであります。そして翌宝暦二年の家譜には

十一月十一日、屋久島の船、馬毛島に破る。

とありますが、此の屋久島の船は、島津藩の御用船であります。屋久島は慶長以後、島津藩直轄領《ちょくかつりょう》となり、代官による行政が行われ、屋久杉を主とした林産品、それに医薬品としての莪蒁《がぜつ》、更には密貿易による唐貨など、藩の一財源となっていたのです。島津藩が、ここに船見番所を設けたのは当然すぎる訳ですが、交替とは言え、馬毛島勤務がいかにつらい事であったかも想像できます。

その辛《つら》さの為に、家老職を棒に振った人物も出たくらいですから。

もちろん種子島側としても、馬毛島へ人間の送り出し、社会建設を試みなかった訳ではありません。さきに、配流《はいる》の島と述べましたが、それも一つの現われであります。家譜、安永五年（一七七六）の記事に

二月十一日、上里村の百姓・藤助、金八、足軽・有冨太右衛門、羽生十助、羽生覚兵衛、郷士・羽生喜右衛門、淫奸《いんかん》の事を以って、平山村の百姓仲七を傷くるに坐して、金八、

十助、太右衛門を馬毛島に放つ。其の余連坐する者十五人、各々差あり。

とありますが、この浮気男を無人島に送り込み、船番所の下に、懲役《ちょうえき》に課したあたり、仲々な名案かと思います。

慣例でみますと、此の種《しゅ》の犯科に対しては、塩屋の焚夫とか、薪取りなどの刑罰が行われたのですが。或は翌安永六年には

十二月十五日、浜脇の弥七、恣《ほしいまま》に塩を煮《に》るに坐して馬毛島に放つ。その余、連坐する者差あり。

とあって、普通には科炭《とがずみ》何十俵という罰金刑に当る者も、島流しになっています。

しかし、こうした人口増加策も、しょせんは社会構成には何のたしにもならなかったと見えます。それだけに、懲戒《ちょうかい》の役には十分に立った事でしょうが。

一方、監察勤務も、島津藩に関することだけに、なかなか厳格なものでありました。天明二年（一七八二）には、次のような事件が家譜に記されています。

十月六日、官、西村清之丞、中田庄太夫、石黒平兵衛、美座権太夫、国上勘七、宇多数右衛門、足軽長野利右衛門、石堂太市左衛門をして、各々銭八百文を納めて其の罪を

贖《あがな》わしむ。これより先、己亥の年、馬毛島に在りて往来の船を監するの日、日州福島の商船、国禁の屋久島材木を載《の》せて来る。職、当《まさ》に本島に送りて官に聞すべし、而るに之を告ぐるを懈《おこた》る。是に於て西村以下八人を庁に召し其の怠惰《たいだ》を責《せ》めて此《ここ》に及ぶ。

馬毛島監察としては、こうした密輸船を発見した場合、種子島に連行して、島津藩庁に報告して命令を待つべきであるのに、其の手続を怠《おこた》ったとしての処罰でありますが、実際は手続の遅滞《ちたい》程度ではなかったかと推定されます。

国禁というのは、少し大袈裟《おおげさ》ですが、島津藩の禁制品という意味であります。

当時、屋久杉の平木《ひらぎ》の市場価値は大変なもので、島津藩としても、その平木の集荷にはあの手この手を使いました。

上納《じょうのう》の場合の平木代納もその一つで、たとえば、米一石に対しては百四十束。大豆一石についてては百束。小麦一石につき五十二束。大麦一石につき二十六束という風《ふう》でした。

屋久島への他領人の入島は厳重に取締り、木材の他国輸出は、宮ノ浦にある他国人問屋のみが扱《あつか》い、ここを経《へ》て運上《うんじょう》口銭を支払う仕組みだったのです。

密輸が発覚した場合は、木材の取上げ、荷主は過料一貫文、船頭二貫文、水主一貫文と定まっていました。

島津藩の屋久島木材の統制のきびしさがわかります。

それだけに、種子島としても、馬毛島監察については、相当にきびしい内規を定めたようであります。

その一例として、天明七年（一七八七）の家譜の記事をあげてみましょう。

七月十四日、馬役・西村治右衛門を免じ、家格を貶《おと》して諸士と為し、禄及び宅地を籍没《せきぼつ》す。これより先、馬毛島の監吏たるの時、病を以てひそかに本島に帰るに坐してなり。すなわち連汚《れんお》して、書役・牧平左衛門、寺入り三十六ヶ月。

無断で勤務地・馬毛島を離れたというだけで、禄《ろく》と宅地を没収し、更に記帳係も連坐して三ヶ年の寺入りと、過酷《かこく》と思われる程の処罰です。

ふたりの僧

文化二年といえば、あの一島飢饉で地獄の年でしたが、その六月十一日、馬毛島の船見番は、島の南海岸に難破船が一艘あるのに気付きました。

出向いて調べてみますと、五反帆の小舟で、少し引き上《あが》った磯に男のうずくまった姿が見えます。

また飢えた者が、蘇鉄取りに来たのであろうと、近寄ってみますと様子が少し変なのです。町人の服装はしているものの、頭は僧形《そうぎょう》なのです。

「おい、何者じゃ」

足軽の柳田休之允は声をかけました。

うずくまっていた男は、はっと顔を上《あ》げましたが、それを見て休之允は

「何んじゃ、巡可《じゅんげ》じゃないか」

と其の男に歩み寄りました。

それは慈遠寺《じおん》の番僧なのでした。

「其方一人か、何しに来たのじゃ」

と重ねてたずねました。

「何処か其のあたりに、恵光《えこう》も居ります」

巡可は、おどおどと答えました。

「何、恵光も、おい恵光、出て来い」

休之允は灌木《かんぼく》の茂みに向って叫びました。恵光が、がさごそと茂みをかき分けて出て来ました。これも着ている物は僧衣ではありません。

「その服装は何じゃ、一体、何をしているのじゃ」

と休之允はなじるように尋ねました。

「はい、蘇鉄を取りに参りました」

「二人でか」

「はい」

「ここには蘇鉄は無いではないか、高坊から葉山の方に行かなくてはな」

「葉山に行くつもりで御座りましたが、船に馴《な》れませぬ為、このように毀《こわ》してしまいましたので」

恵光が、神妙そうに答えました。

「じゃが、その服装は何としたのじゃ」

「はい、借りて参りました」

巡可が口ごもり乍ら答えました。

「借りた、誰に借りたのじゃ」

「はい」

とだけで、二人は答えに窮したようです。

休之允が重ねてたずねました。

「誰に借りたのじゃ」

「誰と申しましても……」

恵光が、おずおずと言うのを取って、巡可が
「中村様で御座ります」

「其の方もか」

と休之允は恵光を睨《にら》みました。

「恵光のものは、私が山県様から借りてやりました」

と、それにも巡可が答えました。

「まあ、よい。二人とも番所に来るのじゃ」

休之允は二人をつれて番所に帰りました。

「慈遠寺の巡可と恵光をつれて参りました。服装と、言う事が、少し胡乱《うろん》なので」

巡可と恵光は、ここでも、蘇鉄とりに来たのだと、しきりに陳弁《ちんべん》これつとめましたが、結

局、赤尾木に送還され、評定所《ひょうじょうしょ》で取調べを受けたのです。

忽ち、借りたはずの着物が、実は盗んだものだった事がばれました。更に二人を追及《ついきゅう》して、この飢饉の最中、救恤《きゅうじゅつ》用の米を盗んだこともわかりました。

しかし、二人は、数日前赤尾木港を出港した台所船に忍び込んだ事は、おくびにも出しませんでした。

結局、飢餓《きが》に苦しんだ揚句《あげく》、救恤米を盗んだ事、其の罪の発覚をおそれて、七島に逃げ出そうとして洲之崎の船を盗んだこと、船に馴れない為、馬毛島に漂着したことなどを巡可と恵光は自白したのでした。

そして二人は一年間、牢に入れられたのですが、出牢後も労役刑《ろうえきけい》が課せられました。次は、それについての家譜の記事であります。


文化四年、五月二十七日、慈遠寺僧・恵光、巡可を牢《ろう》に繋《つな》ぐこと一年、後、恵光を西之村・立石塩屋の僕と為し、巡可を坂井村・屋久津塩屋の僕となす。初め巡可盗を為《な》し、且つ小舟を盗んで七島に奔《はし》らんとし、馬毛島に漂来して漁人と為る。いまや得られて帰る。之を鞠問《きくもん》して其の実を得たり、故に此に及ぶ。

その後、八月の雨の夜のことでした。一人で塩窯《しおがま》を焚《た》いていた恵光は、誰かが自分を呼ぶのに気付きました。入口の闇からそっと顔を出して手招きするのは、屋久津塩屋に居るはずの巡可です。

恵光は仲間の眠りをさまさぬように、そっと外に出ました。

「恵光、逃げ出すのじゃ」

「何、どこへ」

「どこもくそもあるか、馬毛から、そして七島へじゃ」

ずぶ濡れの巡可は、否応《いなおう》いわせぬ言葉つきです。

「うーむ」

と唸ったまま恵光は小屋の中をうかがいました。誰一人、目をさましている者はありません。

「舟は」

恵光はたずねました。恵光の瞼《まぶた》には、一昨年、馬毛島に埋めた、約五十両の小判の輝きが、まざまざと浮んできました。それは一日として忘れたのではありませんでしたが、恵光としてはもう諦《あきら》めていた事でもありました。それだけに、巡可の執念《しゅうねん》には恐れ入ったのでした。屋久津から立石まで、海上島間崎をこえて約三里はありましょう。それをわざわざ迎えに来てくれたのですから、仲間は有難いものだ、と恵光は感謝しました。

「有難い、行こう」

恵光はそう言い乍ら小屋にはいると、自分の着替《きかえ》は無論、そこらの仲間の衣類までごっそりたばねて持ちました。

「さあ」

「よし、急げ」

巡可と恵光は、濡《ぬ》れた帆を上げました。島では雨の時は風は東ですから、二人にとっては追い風でした。

しかし、二人は海は素人《しろうと》でした。闇夜に何処を目標に舟を走らせるのかも知りませんでした。潮に西流れ、東流れがあることも。

逃亡《とうぼう》した二人の囚人の消息は、それを最期《さいご》にふっつりと絶えたのでした。

それから三十九年後の弘化三年、家譜に次の記事があります。

四月五日、池田浦の嘉次郎が女子、馬毛島に於て小判金十三両、一歩金三十四片を、林林蔵が妹、小判金二十三両、一歩金三十九片を拾う。

もちろん、これが巡可、恵光の犯罪と関係があるかどうかは不明ですが、馬毛島を語る挿話の中でも、特異な例でありましょう。

馬毛島をめぐる漁業権

宝暦年間、馬毛島が三ヶ浦の専有漁区になった事は既に述べましたが、馬毛島の本命は何といっても漁業であります。

昔から種子島は十八の浦にわかれ、それぞれ漁区を許されていましたが、何故、三ヶ浦といわれる池田、洲之崎、塰泊に馬毛島の漁業権が許されたのでしょうか。のち住吉浦もこの漁業権を許されるに到りますが、とにかく先ず馬毛島漁区記を読んでみましょう。

これは明治三十四年、私の祖父寛蔵が、四ヶ浦の代表に頼まれて書き記したものであります。

南海颶風《ぐふう》多し、我が種子島・赤尾木湾は船舶避難の要港たり。西海三里、巨鼇《きょごう》の背を露《あらわ》すが如き者を馬毛島と為す。島の海は漁業に適し、而《しか》して其の特権は三浦の人に属す、蓋《けだ》し由来する所あるなり。窃《ひそか》に考うるに、旧邑主・今の種子島男爵の始祖受封公の鎌倉

浦の朝

より来り、封に南海十二島に就くや、種子島に治して遥かに各島を管す。時に島々の地、風気未《いま》だ開けず、民鱗介《りんかい》と伍す。公これを憂い、まさに大陸と声息を通じ、以て開明を図《はか》らんとす。山県、楢原等十数名をして大いに航海の術を講究せしめ、三浦の人を以て運転操縦の任に充《あ》つ。三浦とは曰く池田、曰く洲之崎、曰く湰泊、島人これを三ヶ浦と謂《い》う。皆、赤尾木港をめぐりて、部落をなすもの、その人は漁を業とす。山県等は公の親臣の鎌倉より扈従《こじゅう》し来れる者、爾後《じご》、島人・山県等を称して船長家部《せんちょうかぶ》と言い、浦人を水手家部《ふなとうかぶ》と謂う。子孫その職を世襲《せしゅう》し、邑主《ゆうしゅ》、朝覲《ちょうきん》、征戦の事有る毎に、必ず務を執《と》りて随う。浦人その俗忠実、常に己《おの》が職を尽くす能《あた》わずして邑主の知遇《ちぐう》にそむかん事を恐る。故に男を生めば則ち幼より水泳に習い、長ずるに及んで波濤を視ること平地の如く、舟楫《しゅうしゅう》を操《あやつ》ること

浦の昼

極めて巧《たくみ》なり。往時征韓の役に男爵十二世の祖日恕公、戈船《かせん》数隻、家士数百を将《ひき》いて従う。慶長三年十一月十七日、舟師大いに南海の上に戦う。虜艦《りょかん》高大、乱箭《らんせん》雨下、公、軽舸《けいか》を以て逼撃《ひつげき》、舸疾《はや》きこと矢の如し。船長山県五郎左衛門、水手塰泊の五助等、虜艦《りょかん》に鈎し、我が軍をして登らしむ。五助、箭《や》に中《あた》り水に陥りて死す。我が軍奮戦ついに大いに捷《か》つ。事、男爵の家乗《かじょう》に載《の》せたり。按ずるに五郎左衛門は今の山県庄兵衛の遠祖にして、五助の裔は坂口与四郎たり。現に塰泊浦に住し、今なお祖業を継《つ》ぐ、男爵九世の祖栖林《せいりん》公の時に至り、わが島百《おおく》の制度大いに備《そな》わる。公、船長水夫等の古来航務に功労あるを嘉《よみ》し、これに禄田を賜うこと差あり。而して三浦、赤木港に接近し、海虞《ぐ》あるごとに浦人をして緩急《かんきゅう》に応ぜしむるを以て、馬毛島の漁利を専有する事を特許し、而して其の沿岸を以て三浦の漁区となし、毎歳、塩鰒《ながらめ》若干石《こく》を以て貢祖《こうそ》に充《あ》てしむ。浦人、各処に漁舎を作り波止《はと》を築き、経営すこぶる苦しむ。爾後《じご》浦人に非ずして往《ゆ》きて漁する者は、必ず浦人の認諾《にんだく》を経《へ》、その獲るところの漁利の幾分を浦人に納《い》れ貢祖《こうそ》に資するを例とす。浦人、春夏の交《こう》、家をたずさえて移住し、漁獲採藻ほとんど寝食を廃すること数月、然れども余暇には醵飲《きょいん》して相楽しむ。すなわち男女交錯《こうさく》、歌笑相和し而《しか》して終年の活計、亦ここに於てか余裕《よゆう》あり、維新以来制度一変、浦人専有《せんゆう》の漁区、近日まさに他人の攪乱《こうらん》するところならんとす。浦人憂惧《ゆうぐ》、わが友上妻宗周、平日然諾《ぜんだく》を重んず。浦人就いて伸屈を請う。宗周慨諾《がいだく》す。浦人をして上書せしめ、身親ら東京に往《ゆ》き浦人に代りて由理を主務省に陳情すること甚だ至れり。請う所遂に許さる。これより先、住吉の漁人もまた三浦に交渉《こうしょう》し時々往《ゆ》きて漁す。三浦上書するに及び、また共にせんと請う。ここに至りて三浦及び住吉各々漁区を保全して漁業もまた旧慣に仍《よ》るを得たり。然れども馬毛島、地籍《ちせき》及び地租《ちそ》改正の事起り、一旦官有に属せしを以て、官、浦人をして金を納《い》れてこれを買わしむ。これを縁故払下《えんこはらいさ》げと謂《い》う。その反別四十四町三反四畝十歩。ああ聖恩優渥《ゆうあく》、浦人の喜び知るべし。このごろ浦人来たり請《こ》いて曰く、さきに上妻君微《な》かりせば、吾が儕《ともがら》まさに飢餓に斃《たお》れんとす。今まさに君の厚誼《こうぎ》を貞珉《ていびん》に勒《ろく》し以て後昆《こうこん》に示さんとす。子《し》、請う、その文を作れと、予もとより浦人と相識《し》る。誼《ぎ》辞すべからず、遂にこれを書して以て与う。然りと雖も浦人の今日ある、蓋《けだ》し由来するところあり、これまた思わざるべけんや。

明治三十四年五月

平山寛蔵撰
子島時世書

この碑文によって、三ヶ浦の馬毛島専用漁業権のいきさつは分る訳ですが、この権利に対して、義務もまた当然負《お》うことになりました。種子島旧浦沿革書《きゅうほえんかくしょ》に

浦中定式帳に旧主ニハ台所船ト称シ三艘ノ所有アリテ、其ノ船、揚ケ卸シノ如キハ三ヶ浦人ノ義務労力ヲ以テス。而シテ港内ニ艤装中ハ三ヶ浦輪番ヲ以テ水手壱名ヲ出シ、昼夜ソノ船ニ乗付キ非常ヲ監視ス、之ヲ御船付ト称ス。

三ヶ浦人ハ台所船ニ限ラズ他船ト雖モ赤尾木港碇繋中ハ、大風ノ兆アルカ又ソノ他非常ノ際ニハ、速ニ船手ヘ馳セ来リ、綱取リ其他諸般ノ予防ヲ施シ、以テ遭難《そうなん》ノ害危《がいき》ヲ免カレシムトアリ、寛延三年庚午十一月六日、西風猛烈ニテ台所船明神丸港内ニ於テ殆ト覆没《ふくぼつ》破壊セントスルトキ、三ヶ浦水手大ニ尽力シ幸ニ其難ヲ免レタリト。

御汐見《しおみ》ト称シ、三ヶ浦輪番ヲ以テ其ノ者ヲ撰《えら》ミ之ヲ御船手役所ヘ無給ニテ勤番セシム。其ノ任務タルヤ風雨陰晴及ビ朝夕ノ険易《けんい》ヲ測《はか》リ、台所船ノ出入ニ便シ、其ノ他碇繋船ノ

非常ヲ警告ス。故ニ実地経験アリテ海事ニ老錬ナルモノ之ニ任ス。
旧主家島内ニ於テ運送ノ物品アルトキハ三ヶ浦ハ、各其ノ漁場区域内ハ地津《じつ》廻シト称シ無給ニテ之ヲ運送シ、区域外ハ馬毛津廻シト称シ、壱人壱日ニ付赤米七合五勺ノ給與ヲ受ケ其ノ労ヲ取リタリ。

とありますから、三艘の御台所船の一切の世話、赤尾木港の非常警備、汐見番の輪番制による勤務、地津廻《じつまわ》し及び馬毛津廻し等の運送業務への勤務など、実質は仲々にきびしい義務でありました。

もちろん、これ以外に浦全体として負担する浦銀の義務があり、又、十八ヶ浦が二ヶ浦ずつ組んで、九日毎に主家の御用肴を献納する義務もありました。旧浦沿革書《きゅうほえんかくしょ》に此の件をみますと

天保ヨリ弘化ニ至ル、浦銀諸出入扣《ひかえ》帳ニ、浦人ハ銭拾貫弐百文ヲ浦受銀江戸水手銀トシテ御船手ニ納メシニ、弘化二年ヨリ壱貫五百文ヲ減ゼラレ、八貫七百文ヲ納メ以後之ヲ例トス。弘化四年ノ記事ニ、八貫七百文ノ内、六貫五百文ヲ浦受銀トシ、弐貫弐百文ヲ江戸水手銀トスト、慶応二年ノ浦中定式帳ニハ銀四貫文ハ浦受銀、銀弐貫八百文ハ江戸水手銀トシ、又諸浦水手定員ノ外、浦百姓ナルモノモ壱人ニ付毎年鰒《ながらめ》壱升ズツヲ納

馬毛島の夏

ムカキコト。

この銀納《ぎんのう》の税は、浦としてはかなり重い負担でありましたが、これ以外に、船の種類、帆の大きさに従って、島津家が課した重出銀があるのですから厳しかったと言うほかありません。

一例をあげますと、宝暦四年には

船八反帆より二十三反帆に至るまで反毎に八匁、五反帆より七反帆に至るまでは反毎に五匁、四枚帆より橋舟《はしけ》、川平太帆に至るまでは反毎に二匁

とあり、二十三反帆の場合、百八十四匁の重出税となった訳です。

御用肴《ごようざかな》については

旧主在島ノ時ハ諸浦ハ予《かね》テ弐ヶ浦ズツ組合

ヲ設ケ、其ノ弐ヶ浦ヨリ御日肴ト称シ毎日鮮魚ヲ主家ニ献納スルヲ常務トス。故ニ浦百姓（水手定員）ハ其ノ人員ヲ二分シ、其ノ一分ハ肴前《さかなまえ》ト称シ、旅行ヲ禁止セラレタリ。

とあり、時化の時の苦労など想像出来ます。言うまでもありませんが、「浦人ハ古来、種子島へ難船アルトキハ、無給ニテ之レヲ救援スルヲ規定トセラレタリ」で、救難作業も当然の義務でありました。特に唐船の場合には、天文者応対記に

唐船漂着ノ際、浦人ハ其場所ヨリ浦船ヲ以テ赤尾木港へ曳《ひ》キ入レ、其ノ滞在中ハ番船ヲ附置キ、以テ薪水《しんすい》ヲ便ニ供シ、又出港ノ際ハ浦々ヨリ多数ノ浦船ヲ出シ、之ヲ山川マデ曳《ひ》キ送ルヲ以テ成規トス

とあり、此の有形無形の負担は、重圧となって浦を泣かせたのみでなく、種子島家を泣かせた天災でありました。

こうした浦の困窮を示すものに、浦の中でも一番よかったと思われる、池田浦の文書に次の（口上覚）があります。

恐れ乍ら訴え上げ奉り候様子は、我々両浦共、雑魚網《ざこあみ》相損《そん》じ、買い入れ方として差越申し含み御座候。然る処、本出銀足《た》り兼《か》ね申す向《むき》にて御座候故、此節、馬毛島に寄り申し

候鯨の骨申し受け、積み出し方仕《つかまつ》り申し候て、少々御助勢とも罷《まか》り成り申し候て、有り難き御陰を以て買取り申し度き次第に御座候間、右の骨代金子四両壱歩弐朱に申し受け、御免仰せ付け下され度く願上げ奉り候。尤も商売方に付ては、御定めの座へ売上げ申す可き候次第の趣に成り合い申し候様、仰せ上げられ下さる可き儀、願い上げ候、以上

己亥

五月

池田浦之　平次

萬吉

海士泊浦之　団七

長太郎

御船処御書役衆中

此の己亥の年は天保十年（一八三九）と思われますが、雑魚《ざこ》網の買替えどころか、という困窮を救う為に、馬毛島に寄った鯨を買い取り、その口銭収入を見込みたいと言う願いでありますが、果たして此の皮算用、当ったかどうか其処まではわからないのが残念であります。又、無給労務に対する浦の負担過重も、次にあげる口上覚の残欠から窺うに十分でありま す。出所は池田浦であります。

恐れ乍ら訴上げ奉り候様子は、波止《はと》御普請《ふしん》に付ては我々は勿論子孫永く難有次第、何とも恐れ入り罷《まか》り居り申し候。然は専《もっぱ》ら我々御引受け相勤め申す儀に御座候。然る処この

節、御下島に付き三ヶ浦より数人、御還り船水手として罷登《まかりのぼ》り申し候処、残りの者共の儀は老人并びに幼少者勝ちにて、波止方《はとがた》御奉公に罷り出申す者至て少く、尚又浦々掛り諸奉公、誠に御用肴《さかな》取り持ち方等に付ては、少人数の事にて御座候得ば、双方の御用相調《ととの》い兼《か》ね、御用御受にも罷成り申す都合《つごう》も之れ有候わんと、恐れ入り心痛仕り罷り在り申し候。右に付き重々恐れ多く存じ奉り候えども、御還船御帰帆致し申す迄の間、波止方御奉公の儀は、御免仰せ付けられ下され度く願い上げ奉り候。有難き御免蒙《こうむ》り申し候わば、水手ども追て鹿児島表より罷り下り次第、是れ迄通り相務め申し度く存じ奉り候間、何卒御憐愍……以下欠

とあり、築港の人夫、御用肴《ごようさかな》獲《と》り、台所船の乗務と、浦がその人員の割り振りに、どんなに苦心したかがわかります。

それだけに、浦の最高責任者である弁指《べんざし》役、又はそれを助ける組役《くみやく》の苦労は並大抵ではなかったと思われます。

弁指《べんざし》御免《ごめん》を願い出た、次の口上覚など、如実に其の間の消息を物語っています。

恐れ乍ら愁訴《しゅうそ》奉り候。私共浦弁指《うらべんざし》の役、一年交替にて一人ずつ是迄相勤め来り申し候処、此近年、浦中漸く困窮《こんきゅう》仕り家内介抱相調い申さず候上、御用向きは繁多に相成り、適漁帆方に出候節は、組役相頼み置き、救《たす》け来り候得共、面々の生業を抱えられ、其の役

も相調《ととの》わざる様成り立ち、一同、難渋《なんじゅう》仕る役に御座候。然ば御時節柄、重ねて恐入り在じ奉り候得共、右切迫《せっぱく》の形勢御憐察《れんさつ》遊ばされ、何卒弁指の役御免仰せ付けられ下され度く願い上げ奉り候。有難き御免蒙《おゆるしこうむ》り申し候わば、折角家業相励み家内介抱《かいほう》仕り、御用向き相勤め申し度く存じ奉り候間、願の通り御免仰せ付けられ下され候様、仰せ上げ下さる可き儀願い上げ奉り候。以上。

三ヶ浦中

酉

十二月二十五日

御船改所

まことに、板ばさみの苦衷《くちゅう》といいますか、「家内介抱《かいほう》調い難く」という表現ではありますが、一家の生計ととのい難い状態がはっきりと分ります。

こうした訴えが効を奏したものかどうか、それは明らかではありませんが、この弁指《べんざし》役も御一新と共に殆んどの浦から消えてしまい、そうして明治五年（一八七二）馬毛島は新らしく時代の脚光《きゃくこう》を浴《あ》びることになるのです。

牛牧舎

この年（編者註・明治五年）、一枚の金禄公債《きんろくこうさい》で禄を離れた士族は、それぞれ新らしい生活の道を踏み出したわけですが、大半が武士の商法で失敗に帰したのは、ここ種子島も世間一般と同様でありました。

しかし、武田竜蔵、鮫島甚七、河内覚右衛門、八板直哉、平山準平、西村甚五右衛門、西村守人らの士族が、ここ馬毛島に始めた牛牧舎という牧場は、特筆に価する事業と私は信じています。

その年、武田竜蔵が起案執筆《しっぴつ》した馬毛島払下げ陳情書が、郡治所を通じて政府に提出されました。

この事は、前記の通り漁業用地として、網干場と萱切場を持つ三ヶ浦との利権関係があり、為に多くの曲折がありましたが、明治七年、遂に払下げの許可がおりたのであります。延長十キロメートルに及ぶ土塁《どるい》の柵《さく》作り、十六万本に及ぶ植樹、牛舎作り、水飲場作りなど、予想以上の出費になやみながらも、翌八年から和牛を放牧、十一年（一八七八）には勧業寮か

牧場の羊

ら短角種一頭の貸与があり、十五年までには、短角、デボン両種あわせて七頭、全部で三十頭の牛の放牧をみるという盛況でした。

そして、こうして生まれた改良馬毛牛は、出し牛として世の注目を浴《あ》びるにいたりました。

此の予期以上の好結果に、政府は緬羊《めんよう》飼育を試みるべく実地調査に乗り出したのが明治十二年、翌十三年には、政府の緬羊飼育試牧場として、牛牧舎は其の委託牧場となったのであります。

更に翌十四年六月には、農商務省は、属官・山口長次、田辺勇作を馬毛島に派遣、メリノー種の羊四百九十頭を放牧するという、日本有数の大牧場となったのであります。

これまでの牧場管理は組合員が交替で当り、高坊の小屋に寝起きしたのですが、家族持ちの者には、一週間というものは耐え難い長さでした。

昼は蝮《まむし》におびえながら牛や羊の世話、時には蝮に咬《か》まれた羊の治療《ちりょう》、夜は星明りの小屋で聞く波の音、嵐の夜などは、時として聞こえて来る人の呼び声。風と波音の底から、かすかに「おーい、おーい」と聞こえてくるのです。

翌朝、声の記憶を辿りながら海岸に出てみますと、きまって水死体が打ち上げられているのでした。

そういうことで、折角見付けた管理人も、大抵は一晩で逃げ出してくるのが落ちで、これには組合員一同、ほとほと参ったのでありました。

貞和少年

日清戦争の終った明治二十八年の末、東京に出張した武田竜蔵は、帰途、岡山から前原貞和という十五歳の少年をつれて来ました。岡山孤児院の第一回生とかで、精悍《せいかん》な面構えの小柄の少年です。

竜蔵は此の貞和少年を、馬毛島牧場管理人として連《つ》れて来たのでした。

それにしては少し心もとないな、と、馬毛島に閉口している者には、その小柄《こがら》な感じが、頼りなく受け取られた事はいなめません。

ところで、西之表の府元では、方限《ほうぎり》制度が敷かれて、中目・松畠・野首の三部落が上方限《かみ》で普通には上方と呼ばれ、小牧、納曽、中野が下方限で下方と呼ばれていましたが、ここ下方は非常に剣道の盛んな所だったのです。西村定祐という、直神陰流《ちょくしんかげのりゅう》の達人が師範で、相当の使い手が四・五人を数えるくらいでした。中でも竜蔵の三男・豊秋は抜群の腕でした。

貞和は馬毛島に行くまでの数日間を、この竜蔵の家で過ごしたのですが、豊秋と貞和は忽ち意気投合したのでした。

貞和が一刀流の使い手としては、直神陰流の豊秋と、まったくの互角の腕前であることもわかり、その上、日本陸軍の信号喇叭《ラッパ》の名手であることも、貞和の存在を際立《きわだ》ったものとしました。

下方の行事の合図は、すべて貞和の喇叭で行われ、貞和が馬毛島に滞在中は、貞和から伝授を受けた豊秋が吹き、単に青少年活動だけでなく、部落の全活動が此の喇叭で動くようになりました。

下方限《しもほうぎり》の中でも、小牧部落は府元《ふもと》士族の中心として千石馬場といわれましたが、旧家老座の平山寛蔵の二男武靖《たけのぶ》は、方限活動の郷中《ごうじゅう》からの脱皮を試み、翕研《きゅうけん》社という新らしい組織をおこし、養鶏、藍《あい》栽培を生産活動として取り入れ、経済基盤を持つ青少年団として育てていましたから、此の陸軍喇叭《ラッパ》が、小牧翕研社に一段の飛躍をもたらした事はうなずけます。集団活動の節度化と新風とによって。

馬毛島生活は、貞和にとって必ずしも快適なものではなかったでしょう。さて、貞和が監督する牧場は島の南半分を占める地域でありましたが、貞和は一応島を見廻っておく必要を感じました。手許には竜蔵が描いてくれた馬毛島の地図がありますが、歩くのに地図を必要とする程の島ではありません。

葉山を出て草原を西に横切り、島の西海岸に出ますと、北端に近く王籠《おうごもり》という池田部落の基地があります。

此処は北に開いた、小さな珊瑚礁の入江をひかえた浦ですが、一部は馬毛島にはまれな砂浜となっていて、美くしい芝生の台地もひろがっているのです。

其の台地の下の方に、貞和は高さ二尺程度の古い小さな墓を見付けると、敬虔《けいけん》な気持で近づきました。

墓は、時化《しけ》の時など、波に洗われる事もあるのでしょう、痛々しい姿で人骨が散乱しているのです。

貞和は墓の砂を掘って人骨を埋め直すと、其の上に白い菊目石を敷き詰めて水筒の水をかけました。

墓には花立てはありませんでしたが、野花を折って来て砂に挿し、墓石にも水をかけました。

ここから道を折り返して能野《よきの》小屋を通り、はまあざみの棘をよけながら、南端の住吉小屋に出、ここから東に向け高坊に行くのですが、もう此処は管理する牧場で、彼の庭のようなものです。牧童小屋は此の高坊に建てられたのでした。

其の夜、貞和は奇妙な夢を見ました。

十六七と思われる年頃の稟々《りり》しい顔形の少年が、稚児《ちご》姿とでも言う服装で夢に現われたのです。

貞和は絵本で見たことのある、阿若丸《くまわか》のようだな、と思いました。

夢の中で、其の少年が貞和に向って慇懃《いんぎん》に会釈し、その後には四人の武士が、少年を守るようにひれ伏し、同じように貞和に会釈したのです。

貞和は夢の中で、彼等が決して敵意を持っていない事を、先ず感じとりました。

貞和は言葉をかけようとしましたが、それは声になりませんでした。あなたは、どなた様ですか、と尋ねる心でしたが。

若し貞和以外の人が居て其の様子を見たとしますと、貞和はうなされている、と見た事でありましょう。

貞和は夢からさめても、すこしも怖ろしさとか、気味悪るさを感じませんでした。

その後、貞和は夢の事を竜蔵に話してみました。

「お前はいい事をしてくれたな」

と竜蔵はうれしそうに言いました。

貞和は何の事かわからず、きょとんとしたまま竜蔵の説明を待ちました。

「王籠で墓に参ったじゃろうが」

竜蔵はそう問いかけました。

「ええ」

と貞和は思い出して、そのまま目を閉じて王籠の痛々しい人骨を瞼にえがきました。それから

「お骨が沢山、洗い出されていましたから、穴を掘って埋め、墓には花と水を供えておきましたが」

と一息に話しました。

「その墓の主《ぬし》じゃろうと言う事じゃが、墓参りをすると、必ず御礼に来られるとの事じゃが、ほんとうなんだな」

竜蔵は感に堪えてそう言いました。

「どなたなのですか」

貞和は、狩衣姿の稚児を、今は懐かしく思い浮べながら尋ねました。

「はっきりした事はわからないが、何でも、むかし馬毛島でだまし討ちにされたといわれる若殿様、三郎様じゃあるまいかと、専らの話じゃ。乱暴者で殿様の資格がないと、馬毛島の鹿狩りに誘い出して殺したという事じゃな」

竜蔵はいかにも痛まし気にそう言いました。

「年はお幾つだったのでしょう」

「十七歳だったとか聞いたが」

「矢張り……」

と貞和は、引き込まれるように眉を寄せました。

「もう四百年も前の事らしい」

竜蔵はぽつんと言いました。

「そんなに長い間、あの波風の中で」

貞和は暗然たる思いで、そうつぶやきました。一見、平和そのもののような種子島に、そんな暗い歴史のかげりが有ろうなどとは思っても見なかった事なのです。

よし出来るだけお参りして上げよう、と咄嗟に心にきめました。

「三郎様じゃとすれば、おいたわしい事じゃな、お参りして上げたら、どんなに御喜びなさる事か、魂魄この世にとどまりて、というのは、嘘でも偽りでもないのじゃなあ」

竜蔵はそう言い、掌を合して三郎の霊を拝みました。そして更に
「三郎様の夢を見た話は二三度聞かぬでもなかったが、お前の話でうたがいは消えてしまったよ、とにかく、時々お参りして上げる事じゃな」

と貞和に頼むように言いました。

勿論、貞和は言われるまでもありませんでした。彼みずから、今の今、心にきめた事でしたから。

貞和は、時として無性にあの稚児に会いたくなる時がありました。そんな時、いそいそと王籠の墓に参るのでした。

すると例外なく、三郎といわれる稚児は、其の夜、貞和の夢に家来を従えて現われるのでした。

それでも、羊を相手の、単調で退屈な馬毛島の生活は、貞和にとって当分は、救いようの無いものでありました。

一週間ごとに食糧運びの為に西之表に渡ることと、翕研社《きゅうけんしゃ》の連中が時に訪ずれて来る事ぐらいが、貞和にとっては楽しい日であったに過ぎません。

一月二月には、季節風の西風が連日吹き荒れて、時には三週間も交通途絶《とぜつ》という羽目《はめ》にも

会いましたが、西風の日は東海岸で漁をするなどして、結構、彼は生活を楽しんでいる様でもありました。

貞和は護身用に、何時も仕込杖《しこみづえ》を身につけていましたが、襲《おそ》いかかって来る直前の蝮を、抜く手も見せず両断する手腕は、翕研社の連中を、恍惚《こうこつ》とさせるあざやかさでした。

も一つ、貞和は独特の猟をあみ出していました。此の馬毛島の最高地点が七十三メートルという事は前に述べました。この岳の越の東北五町ばかりの所に小さな沼《ぬま》があり、冬は相当数の鴨が渡って来るのです。

貞和はとりもちを塗った二間ばかりの竿《さお》を、投げ槍のように投げて、百発百中の巧妙さで鴨を獲ったのですから、時化こまれても彼は別段食べ物には不自由しなかったわけであります。

それから、貞和が五年間に埋葬した水死人は三十人をこえたのではないでしょうか。

前にも触れましたが、水死人が人を呼ぶというのは、それは厳たる事実なのです。遠く風の中から「おーい、おーい」という呼び声を聞いた翌朝は、きまって水死体が漂着しているのです。或は死後何十日も経《た》って岩間に打ち上げられているもの、或は死後数日しか経っていず、うつ伏《ぶせ》に波打ち際に横っているもの。

貞和は丁寧にそうした遺体を葬っては、上に石を重ねて菩提《ぼだい》をとむらいましたが、彼は実に、三十数ヶ所も此の石こづみを作ったのでした。

明治三十二年には貞和は年二十一、孤児院を出、馬毛島に牧童となった彼も、多情多感な青年でした。

実は此の年、それまでは十二名の組合組織であった馬毛島牛牧舎は、代表者武田竜蔵が持ち船三島丸の沈没によって家産を傾け、遂に牛牧舎から手を引いた為、他もそれにならい、馬毛島牧場は鮫島甚七の個人経営に移ったのであります。

ところで、この三島丸沈没にまつわる怪異も記録するに価しましょう。

三島丸沈没

明治二十八年二月、武田竜蔵は牛牧舎の事業と平行して、三島汽船株式会社を設立、出資者には、三浦安能、田中善兵衛、上妻宗周、国上時興、羽生主右衛門、平山寛蔵を得て、五月には、種子島・長崎間の航路に就航させたのです。持ち船は木造銅板張り、百六十トンの三島丸、当時としては必ずしも見劣りのする船ではありませんでした。

その年の七月二十四日、風は夏には珍らしく東南の風が、十メートル位も吹き荒れていました。三島丸は、運航日程から見れば長崎港に碇泊《ていはく》しているはずでした。

しかし風は裏風でした。次第に西に廻り、季節とは言いながら、凄まじい時化に変ったのです。そして其の翌朝、あかつき闇の四時頃、竜蔵は時ならぬ汽笛の音に、がばと寝床を蹴ったのでした。

「ひゅーっ、ひゅっ、ひゅっ」

と特徴《とくちょう》のある汽笛は、まごうかたない三島丸のものです。しかし竜蔵は、自分の耳を疑う

三島丸沈没

「三島丸がはいり申したじゃなっか」

と、妻の市子が、矢張り驚いた表情で言いました。たしかに、竜蔵の空耳ではなかったのです。

竜蔵は、あわてて起き出すと雨戸を繰りました。

「竜蔵どん、三島丸が吹かしたが……」

と隣の河内どんや、そのまた隣の西村どんがやって来ました。もうこうなると、三島丸の入港は疑いの余地はありません。

この風と闇では、陸の岸築と沖の岸築に合図の灯を出さねば、無事入港出来るはずはありません。

竜蔵は、郡役所に勤めている豊秋をせき立てて港に駈け付けました。既に相当の人数が、手に手に松火をかざして暗い沖をうかがっています。時ならぬ三島丸の汽笛に驚くと共に、これから起こりそうな大事故を予想して、松火の光に浮かぶ顔は、すべて異様に緊張しています。

しかし待てど暮らせど、それっ切り汽笛は聞こえず、勿論、船の灯らしいものも見えません。三島丸入港の気配は何一つないまま夜は明けたのでした。

皆は狐につままれたような怪訝な思いで引きあげたのですが、それから間もなく、三島汽船会社に甑島から、悲報が届いたのです。

去る二十四日暁、甑島《こしきじま》近海で三島丸が坐礁沈没したと。
これが、牛牧舎の経営が武田竜蔵から、鮫島甚七へ移った最大の原因だったのです。

定子と貞和

貞和の新らしい主人は、鮫島甚七となりました。牧場は、蝮《まむし》の害、蝨《だに》の害に悩まされながらも、発展の一途《いっと》を歩いたというのは事実でしょう。

羊は大きいものは十六貫の体重、六百頭を平均すると、十二貫という成育ぶり、毎年千四百ポンドの羊毛を、陸軍に納《おさ》めるようになったのです。

当時の羊毛の買上げ値段は、一ポンド当り四十八銭が相場でした。

さて、多情多感、一刀流の達人・前原貞和も、徴兵《ちょうへい》検査は身長不足で無事通過、一つ年下の親友・武田豊秋もまた次の年の徴兵検査で同じく身長不足で無事通過。

此の豊秋が熊毛《くまげ》郡役所に勤めていたことはすでに書きましたが、三十二年、中種子町の竹《たっ》屋野《きゃの》に、英国人チェスターが親子三人で住みついたのです。

チェスターは、神戸で貿易商を営んでいたのですが、肺病を治療するため、はるばる種子島に来たのでした。これを知った豊秋は、土曜日役所が終わると其の足で三十キロメートルを歩いて竹屋野に行き、日曜まで二泊して英語を習うという日課を三年間も続けたのです。豊秋は日露戦争直後の大連に渡り、この英語のおかげで三井物産大連支店に入社したのでした。その当時の支店長が、前国鉄総裁・石田礼助だったことも語り草と言えます。種子島に、ミシンや自転車を、初めて持ち込んだのが、此のチェスター一家であった、という事と共に。

新らしい馬毛島牧場主・鮫島甚七には美人で評判の、定子という娘がありました。彼女は三十五年に創立された、北種子村立女子実業補習学校に入学、才色兼備をうたわれたのですが、彼女は事もあろうに、と世間が言ったように、馬毛島の牧童、貞和に惚《ほ》れ込んでしまったのです。彼が嚠亮《りゅうりょう》と陸軍喇叭を吹く姿、翕研社道場で見せる一刀流の冴《さ》え、そういったものが、夢多い年頃の定子の心をゆさぶったのかもしれません。そしてそれは、言わず語らずの中に貞和の胸にも通じたかのようであります。

貞和も、馬毛島から用事を作っては西之表に通う日が多くなり、郡役所の隣りの栖林《せいりん》神社の境内に、親友の豊秋と共に、遠い夢を追うように馬毛島を眺めつくすのでした。

しかし其の豊秋も、三十六年には長崎に職を得て島を離れました。それは、豊秋を可愛がった初代郡長の牧野篤好が、肺を病んで三十五年十二月退官したのが、豊秋の心境を変える直接の原因だったようです。

一方、馬毛島牧場は、牛も羊も次第に頭数は増えながらも、反面ダニの害も目立つようになり、三十六年、三十七年、三十八年と毛量は漸減《ぜんげん》し、甚七はその対策に苦慮《くりょ》しはじめていました。

此の間、定子が通っている北種子村立女子実業補習学校は、三十八年四月一日、村立女子職業学校となり、定子は翌三十九年その第一回生として、しかも抜群《ばつぐん》の成績で卒業、直に同校の教員を仰《おお》せつかったのです。

貞和と定子の恋愛は、少しずつ進んでいました。しかしこれは、士族鮫島甚七からみればまことにけしからぬ事でありました。竜三が拾って来た、何処の馬の骨とも判《わか》らぬ男に、引く手あまたの娘を、嫁にくれてやるなどという法はありません。

甚七が二人の交際に極度に警戒し出したのは当然でした。

貞和に悶々《もんもん》の夜がつづきました。

かねては気にならなかったのに、舟虫が手足を這《は》うのさえ、この上ない不愉快なものに感じます。こうした中で、貞和は、留守中、何者かが自分の食糧を荒らすのに気付きました。時には西之表から搬《はこ》んだ味噌までごっそりやられることがあるのです。

といっても昼間見張り通すわけにもいきません。又、見張っている時は相手は現われる筈もありません。それでも彼の警戒心は、見えざる相手の動きを封じたことはたしかでした。

或る夜、静かに小屋の戸の開く音に目が覚《さ》めた貞和は、月の光をあびて窺《のぞ》き込む顔に、我が目を疑《うたが》って半身を起こしました。意外も意外、その顔は美しい定さんなのです。

「定さん！」

貞和は前後を忘れて叫びました。と、その瞬間《しゅんかん》、定さんの顔は引っ込み、忽ち足音が遠ざかっていったのです。

貞和が立ち上って外を見た時は、灌木林《かんぼくりん》を照らす青い月の光だけでした。

定さん恋しさの妄想《もうそう》か、貞和はそう思うと妄想を断《た》ち切るように、仕込杖の鞘《さや》をはらって素振《すぶ》りをしたのでした。

ところが、翌晩も亦、貞和は定さんの訪問を受けたのです。こん度は声をかける前に其の気配を知ってか、貞和は又も月光の中に其の姿を見失ってしまいました。

逃げるところを見ると妖怪変化《ようかいへんげ》か、と思い定めて、貞和はこれを仕止《しと》める決心をしました。ただ相手が定さんに化けているのが、どうにも気の重いことですが、しかし、相手の此の嘲弄《ちょうろう》に手を拱《こまね》いては、一刀流の腕が錆《さ》びます。

しかし其の夜、貞和は相手を近くにまで引き寄せながら、刀の鞘《さや》を払うことは出来ませんでした。あまりにも定子に似た、いや、定子そのままのすがたかたちに、彼は不動の金縛《かなしば》りにあったような感じでした。

相手は貞和の様子に、自信に満ちた笑顔を残して立ち去ったのです。

それからの二晩、相手は貞和を焦《じ》らすかのように現われませんでした。三晩目、二夜の徹《てつ》夜《や》ですっかりまいった貞和は、ついうとうとと眠ってしまったのです。そして何時間たったのでしょうか。

貞和は何とも名状できない息ぐるしさで目がさめました。体は千貫の重さで圧《おさ》えられ、全身は脂汗《あぶらあせ》が噴《ふ》き出しています。不動の金縛りで身じろきも出来ませんが、漸く視界を取り戻して、闇の中で見えたのは、紛《まが》う方ない定子が、異様な重さで自分に馬乗りになっている姿です。

貞和はそのまま目をとじました。そして大祓《おおはら》いの祝詞《のりと》をとなえはじめました。しかし、どうしても声は出ないのです。でも一身に、心の中でとなえつづけました。相手の意図《いと》も次第にあらわになってきました。貞和は、この不倫《ふりん》に童貞を捨てては、定子に捧げた愛がすたる、と、いよいよ全霊を祝詞《のりと》に集中したのです。

……蠱物《まじもの》なせる罪、許多《ここだく》の罪出でむ、かく出でば天《あま》つ宮事《みやごと》もちて、大中臣天つ金木を本《もと》打ち切り末《すえ》打ち断《た》ちて、千座《ちくら》の置処《おきど》に置き足《たら》はして、天つ菅麻《すがそ》を本《もと》刈り断ち末《すえ》刈り切りて八針に取り辟《さ》きて、天つ祝詞《のりと》の太《ふと》祝詞言を宣《の》れ……

貞和はここまで念じた時、今までは唇を出なかった声が、いくらか上ずった声ながら迸《ほどばし》り出たのです。

かく宣《の》らば天つ神は天の磐門《いわと》を押披《おしひら》きて天の八重雲を伊頭《いっ》の千別《ちわ》に千別きて聞《きこ》しめさむ。国つ神は高山の末短山《すえひき》の末《すえ》に上りまして……

貞和は不動の金縛りが、夢がさめるように解けるのを感じました。

「えいっ！」

貞和はかけ声もろとも、両腕を相手の腰にまいて、鯖折《さばお》りに入りました。不意を食った相手も、一瞬「ぐえっ」と奇妙な声を上げましたが、同時に、驚くべき力で貞和を突き放したのです。その瞬間に見えた相手の、何とも名状し難しい異様な表情、貞和は反射的に仕込《しこみ》杖《づえ》の鞘《さや》をはらっていたのでした。

それからの動作も、もちろん彼の意識以上のものでした。

「ぎゃーっ」

と此の世のものならぬ絶叫と共に、相手は屋外へまろび出、貞和は漸《ようや》く返り血の不気味な感触に我に返りました。そして今の手ごたえは、相手には致命傷《ちめいしょう》であることを確信しました。

夜明けを待ちきれず、貞和は小屋を出てみました。一筋の血痕が南へよろめくように続いていいます。それをつけて行くこと約五十間《けん》で、シャリンバイとハマヒサカキの灌木林《かんぼくりん》の中に、貞和は一頭の狸の死骸《しがい》を発見したのです。体重は恐らく八貫はあろうかと思われる雌の大狸です。

貞和は、この狸の皮を甚七に贈り、死場所に死体を葬って其処に狸塚を建てたのですが、狸の皮は、翕研社の名物として喧伝《けんでん》されたものでした。

定子先生惑乱

明治四十二年、定子の勤める女子職業学校の新校舎が、本源寺跡に出来上りました。

本源寺は文明元年（一四六九）の創建で、今の市役所から東町に至る、広大な敷地に、九つの堂塔《どうとう》伽藍《がらん》が立ち並ぶ大寺でした。第十四代時堯の時代、恐らく火難をおそれての事だったと思われますが、町側から現市役所の地に釈迦堂《しゃかどう》が移転、明治維新の廃仏棄釈《はいぶつきしゃく》によって、これら一切が棄却《ききゃく》されたのでした。

その後、番神堂《ばんしんどう》あとには栖林神社（現在は熊毛支庁長官舎）が建ち、妙久寺あとの現在地に本源寺は再建されました。そして空地となった釈迦堂あとに、女子職業学校が新築されたのです。

この年、定子は年二十二、当時としては適齢期を逸《いっ》した方であります。

貞和は彼なりに、馬毛島牧場に希望をつなぎ、ここに一生の夢を実現したい気持ちが動いたのも事実でしょう。

貞和と将来を誓った定子は、父・甚七に、貞和との結婚を申し出たのですが、これは既に述べた通りで、甚七にとっては、到底《とうてい》ゆるし得る事ではありませんでした。

自分の娘を奪《うば》おうとする貞和は、身の程もわきまえぬ不埒者《ふらちもの》としかうつらなかったでしょう。

老の一徹《いってつ》か、士族という血の一徹か、甚七は貞和を解雇してしまったのです。

貞和は、はじめて涙のにがさを知った西之表を、誰にも知られず立ち去りました。

武田竜蔵に連《つ》れられて、誰にも迎えられずに上陸した西之表港を、彼は涙をかくし顔をかくして船出したのでした。

そうして一月《ひとつき》、また一月、女子職業学校の生徒は、鮫島定子先生の様子が、何となく常規を欠くのを感じはじめました。

授業の最中でも、窓から馬毛島をながめては、放心したように、その美しい顔を縦にふっているのです。時には、右手の拇指と人差し指に花でも持っている様子で、それに話しかけるように、矢張り顔を縦に振っているのです。

この本源寺跡の、女子職業学校からは、どこに居ても真西に馬毛島が見えるのです。

半年、一年、定子先生の異状は、もう誰の目にも疑《うたご》うことが出来ないようになりました。定子先生発狂は、百人の見る所でした。

見兼《みか》ねた隣の人が、浅川《あざこう》に居る巫女婆《みこばあ》にたずねてみました。それによると、学校の鬼門《きもん》に便所がある、その祟《たた》りが定子先生に来たのだと言うのです。

事実、学校の敷地は北に正門を設け、その東に、敷地からいえば東北に便所が作ってあるのです。

北種子村役場としても、現に犠牲《ぎせい》者が出ている以上、これを無視し去るわけにもいきません。早速、便所を西側に改築したのですが、事のついでに、鬼門の土手を整地しました。すると、意外と言えば意外ですが、経文の字をいち字ずつ書いてある丸い小石が、無数に埋まっていたのです。俵につめると三俵分もあったということで、これによって、定子先生の発狂は祟りということに一決したのでした。

もちろん此の三俵の経文《きょうもん》石は、本源寺の墓地に移し埋められました。

しかし、馬毛島を眺める甚七の目は憂愁《ゆうしゅう》に曇り、定子は其の後三十年間、一筋に馬毛島に貞和の姿を求めつづけたのでした。

(編者註、後日談……著者が昭和五十三年十月十五日発行の種子島地方紙「離島民友」に寄稿した「種子島・昔ばなし・今ばなし——牧童の恋」の末尾に、「昭和四十年ごろ、ふと入れたテレビの映像の中に、岡山県の社会事業の功労者として前原貞和翁が紹介されたことを附記して本編を終わる。」と書いてありました。)

権利確認をめぐる紛争

甚七の、この家庭的不幸に加うるに、牧場関係にも深刻な問題が尾をひいていました。牛牧舎設立に際し、三ヶ浦漁業専用権とのいきさつについては、その一部には触《ふ》れておきましたが、牧場用地に含まれた、三ヶ浦専用地の権利確認を巡る紛争《ふんそう》は既に数年にわたり続いていたのです。

そして明治三十三年三月三十一日に、漸く決着を見たのですが、それを物語る池田浦記録をあげてみましょう。これは残念な事に、前の方が失われていると共に、筆者もあきらかにされていません。漢文の持つ特徴《とくちょう》から、私の祖父・寛蔵の文ではないかとも思うのですが。勿論、確言することは出来ません。

明治初年は万事維新なり。某等小人、鮮介《せんかい》と唯伍して処を知らず、変の道、漫然として意に介せず、遂に官地に編す。明治六年、平山某・西村某等、款《かん》して牛牧組なる者を馬

明治 44 年、馬毛島葉山港内牧牛避暑之図

毛島に設けんと官に請う。官以て某等に、漁場の関係あるを以て、某等の承諾を受け、然る後に請うべしとして許さず。牛牧組、即ち其言を以て説く。某等某等事理を解せず、遂に双方を以つて支《ささわ》りなすことなし、吾の約納《やくのう》其の証左《しょうさ》なりと。牛牧組すなわち同島をあげて官に請《こ》う。官、是に於て可とし、全島を牛牧組の借地となす。某等反って借地内に於て事に従うの状、某等の至愚《しぐ》未だ覚醒《かくせい》せざるなり。荏苒《じんぜん》年を経《ふ》るに及び、彼の牛牧組、借地権あるを以て、網干場、漁舎の広狭に干《かん》渉掣肘《しょうせいちゅう》す。某等愕然《がくぜん》としてさきの日の約を以て拒《こば》む。牛牧組、証左無きを利して不可とす。是に於て初めて其の編欺《へんぎ》を識《し》り、周章出ずる所を知らず。徒《いたずら》に鳩首凝議《ぎょうぎ》するのみ。噬臍《ぜいせい》何ぞ及ばん。則ち上妻宗周君につきて謀る。君誠懿《せいい》にして義に富む。曰く、諾すと。牛牧組に弁駁《べんぱく》して甚だ力《つと》む。官に就き漁舎敷

地若干歩を借りたるも、島中漁業に於て最緊要《きんよう》地及び漁場専用権有るを得るに非ざれば未だ意を安んぜず。為に心を甘んずる能《あた》わずして事に従い、再び官に土地払下げ及び漁場専用権を願い、遂に網干場、魚干場、漁舎葺《ぎょしゃふき》用萱刈場、漁舎敷地計四十四町歩三反四畝十歩、永世吾三ヶ浦の有と為る。実に明治三十三年三月三十一日なり。専用権を得たるは明治三十九年九月十九日なり。此の間十年、拮据《きっきょ》経営して舟車の東西に到らざるなし。数うれば県府に及び三たび上京して焦心苦慮《しょうしんくりょ》す。常人のよくせざる所なり。ここに於て浦人、歓喜して手の舞い足の踏むを覚えざるに至る。父老、涙を垂らして曰く、ああ上妻君なくんば、漁民千口の衣食を何処に求めん、誠に父母の恩恵の再生なり。豈《あに》ただ草を結んでやまんや、人の禽獣《きんじゅう》と異るは恩を知るに在り、吾曹至愚《しぐ》なりと雖も、豈、禽獣と比すべけんや。馬毛島の一木一草ことごとくこれ甘棠《かんとう》なり。衆曰く、然り、永く諼《わす》るなきを失う、某等款記《かんき》して子孫に貽《のこ》し、以て諼《わす》るなからしめんと予に請う。幸に記せよと。予、上妻君を訪ねその事を質《ただ》す。君曰く、予、彼等の窮《きゅう》をあわれみ、聊《いささ》か微力《びりょく》を至す、然して、理勢《りせい》を以て将《まさ》に然《しか》くここに至れるのみ。然りと雖も、豊山前田先生の助力、広瀬宗義君、阿世知一彦君等亦与《あずか》る。予、彼等を戒《いまし》めて忘るなからしむ。予が力なにかあらん。予、深く其の謙譲《けんじょう》の意に感じ、方今の人、名利に急にして、其事力を誇張す。名実ともに相協《かな》う者、けだし幾人か。其の恩を恩とし、其の徳を徳とする者また幾人か。某等、自ら鮮介《せんかい》無知を称して質直至誠なり。士君子と雖も或はしかざるものあり。古曰く、未だ学ばずと云うと雖も我れ不信ならず、と。予、是の事に於て見る。

則ち年所払下地反別、及び当時この事に与かる氏名を予に以てす。この時明治四十四年孟春三也。

このトラブルの、発生についての責任は、甚七は十二分の一であったかもしれません。しかし、結着時の責任はすべて彼にあったのですから、内外両面の此の精神的な負荷《ふか》は、甚七にとっては甚しいものでありました。

魔法の植物麻王蘭

大正二年、甚七は遂に馬毛島牧場の一切の権利を、東京の三浦泰輔に譲渡したのでありました。そして大正四年には、相続により馬毛島は三浦直介の所有となりますが、第一次世界大戦後の不況《ふきょう》のため、馬毛島牧場には、何ら積極的な動きは見られぬまま、大正十四年、三浦直介は馬毛島を神戸の川西清兵衛に譲渡しました。

その時の価格が三万二千円ということですから、隔世《かくせい》の感とはまさに此の事であります。

川西は神戸にロープ製造工場を経営し、マニラ麻を原料として、主として船舶用ロープを生産していたのですが、その原料を、麻王蘭《まおらん》に切り替える試みをしたと見られます。

その為、牧場としてよりも農場としての経営が中心となり、商業登記も〈川西馬毛島農場〉とあり、農場主任には奥村甚平が就任、常駐したのであります。

この麻王蘭《まおらん》は、すぐれた製紙、製綱の材料といわれながら、未だかつて製品は世に出たことが無いと言われ、これほど物議の種となった農作物は他にないとさえ言われます。

マオラン畑

昭和七年の国会で、山崎農林大臣が、マオラン会社を取締る方針である、と発言したと言うのも、よくよくの事であったに違いません。

しかし、馬毛島のマオラン栽培は盛大をきわめ、開拓農家も数十戸を数え、高坊《たかぼう》と王籠《おうごもり》の二ケ所には、託児所が設けられ、それぞれ三十名の子供をあずかったのでした。

昭和七年六月、馬毛島を視察した鹿児島新聞の記者は、次のような報告を書いているのです。

共存共楽の仮面
巧妙なマオランのからくり

奇々怪々の植物マホラン。不思議なことに繊維《せんい》植物と銘《めい》うつマホランは、未《いま》だ曾《か》つて繊維原料として経済的に利用された事がない。尤も各地に、小さな製紙工場、製綱工場が設置されているが、これは、マホランから紙でも綱でも出来るぞということを示す為の、いわば宣伝用の工場であって、マホラン製の紙や綱が市場に現われるようなことは曾つて無かったし、又試験場の研究によると、マホラン葉を原料とする製紙製綱事業は、経済的に採算がとれぬといわれる。とすると経済的には何等価値のないマホランの苗を、会社は何故に一本十銭ずつで買入れるのか、ここに魔法の植物マホランの一切の奇術のネタが隠されている。

即ち会社は一本十銭ずつで買取ったマホランの苗を、農家に十六銭五厘ずつで売るからボロイ儲《もう》けとなるし、農家もそれを一ヶ年の間に数倍に増殖して、会社に一本十銭ずつで引取って貰うから、十六銭五厘ずつの苗代を会社に払っても決して損はない。そしてかかる過程がうまく循環《じゅんかん》して行きさえすれば、たといマホランから一本の綱、一枚の紙が出来なくとも、会社も農家も共に儲《もお》かる仕組みになっている。だがかかる巧妙なからくりが何時までも続き得るものであるか。

中略

然し此処まで書いて来ると誰にも明らかのように、何等工業的生産には入り込まず、単なる苗の取引きとして幾何級数《きかきゅうすう》的に増殖して行くことを、絶対的の条件とするマホランの循環《じゅんかん》は、やがて恐ろしい終局に到達せざるを得ないものであり、此の場合に於て莫《ばく》大《だい》な損害を蒙るのは、結局愚直《ぐちょく》な農民階級であることだ。過ぐる議会に於て山崎農相が、マホラン会社を取締るべきことを言明したが、識者はその言明が未だ実行されざることを寧《むし》ろ奇怪に感じている。

記者は此の南海の小島に於て、此の摩訶不思議《まかふしぎ》なる怪物マホランが、広大なる面積にわたって夥《おびただ》しく栽培されているのに一驚し、更にこの馬毛島のマホランが、県下に於けるマホラン栽培の先駆をなした事を聞いて二度びっくりさせられたのである。

と完膚《かんぷ》なきまでに、マオラン農場の非をならしています。

一方、川西は航空機械工業に主力を注ぐに至り、馬毛島のマオランは、遂に新聞が予想した最悪の事態に追い込まれたのであります。

そして昭和十六年十二月から、西之表町民の勤労奉仕によって、馬毛島には海軍施設の工事が開始されました。

この工事はシンガポール陥落戦捷《かんらくせんしょう》のどよめきの内に、岳の越に機関銃座を持つトーチカを作り上げました。

更に敗戦の色あきらかとなった十九年十一月、馬毛島の羊は、全部、南種子・早谷野《はせの》の川西牧場に移され、二十年三月からは、守備兵と間違われた鹿の群が、米軍機の機銃掃射を受ける事態になったのです。

そうして迎えた終戦、馬毛島はまた無人島となったのですが、それからの島は、目まぐるしい、時流の波に漂《ただよ》ったかの観があります。開拓の島、漁業の島、牧畜の島と再出発したにも拘《かかわ》らず、アリモドキゾウ虫の島、鹿害の島、出稼の島として、受難の嵐に堪えている島。

岳の越。頂上に見えるのがトーチカ

トーチカ

此の馬毛島の明日を知るものが、ただ「時」だけであるとすれば、これは余りにも淋しいことであり、私達自身、知恵のなさを後世に恥じなければなりますまい。

今私は鹿害の島と言いましたが、此の島の先住権を持つ貴重な馬毛鹿も、鹿害という誣告のもとに、島を追われ（それならまだしも）害獣として絶滅寸前に追い込まれているのです。

＊註　本著書において、著者が参照している史料は、著者による原典書写資料がもとになっています。平山武章著述後の諸研究等の成果で、誤字・誤記等が見られるかもしれませんが、本編集においては、著者の著述そのままを掲載しております（字名・地名表記が現行表記と異なるところもあります）ので、その点ご寛容ください。

著者の元原稿はタイトル「年譜馬毛島異聞」で、「年譜」と記されていました。まるで馬毛島を人格化したような表記です。著者はおそらく、小島「馬毛島」の歴史に血を通わせたかったのだと思います。そして、永く記憶に留めて置きたいがゆえに、生活史とそのエピソードに血肉をもたせ、「異聞」としてまとめたのだろうと思います。こう理解したうえで、今回出版するにあたり、本書が年表的整理にはなっていないので誤解を避けるために、「年譜」をはずし、「馬毛島異聞」としました。

著者が生前中に書写した史料は種子島家譜から種子島家そして主だった家臣団の系図、縁起の残る寺社においてはその縁起類の全て、まさに津々浦々の沿革書や口上書き等々に及びます。著者没後十九年、史料を引き継いだ私の管理不行き届きでいくつかの史料（家臣団の系図・口上書等）の紛失をまねいていることに自戒と自責の念を禁じえません。今後以下にあげた史料等に関し、なにがしかの発見や研究成果がありましたら、次の世代のために、発表していって欲しいと思います。著者の馬毛島関連文章としては、「第十代島主の失踪の背景」「牧童の火祭り」「牧童の仕込杖」「牧童の恋」「馬毛島の終戦」等々が地域紙「離島民友」に連載されました。

以上編者

＊史料

「種子島家譜普及版」「馬毛島葉山八幡宮縁起」「二十人家文書」「武田主税宗次系図」「馬毛島漁区記」「旧浦沿革書」「池田浦文書口上書」「天文者対応記」「池田浦記録」「昭和七年鹿児島新聞記事」

＊馬毛島関連の出版物――図書名と論考タイトル等

「馬毛島海軍施設徴用関係文書」一九四一年
「馬毛島『大籠』考」笹川満尭「大隅第4号」大隅史談会発行　一九五七年
「馬毛島植物誌」農林省九州農業試験場編「九州農業試験場彙報第6巻第2号」一九六〇年
「馬毛島」小川亥三郎「種子島民俗第17号」一九六五年
「馬毛島」宮本常一「しま49号」一九六六年
「馬毛島考」西太一郎　一九七五年
「馬毛島の海そうの生育地の保存についての要望書」田中剛　一九七六年
「馬毛島開発事業計画書」馬毛島開発株式会社編　一九七七年前後と思われる
「馬毛島埋葬址――鹿児島県西之表市馬毛島椎ノ木遺跡」西之表市教育委員会　一九八〇年
「マゲの島から吹く風――馬毛島が危ない――馬毛島の自然と歴史を考える」まちづくり県民会議　二〇〇二年
「馬毛島のふしぎな夜」（絵本）小川みさ子・原田美夏　二〇〇三年
「馬毛島の生物相」（報告書）立澤史郎　二〇〇三年
「馬毛島、宝の島」馬毛島環境問題対策編集委員会　二〇一〇年

◉馬毛島年表

時代・年	馬毛島に絡む出来事　制作・八板俊輔
鎌倉時代	種子島家の領地となる
江戸時代	三ヶ浦（池田、洲之崎、塰泊）の漁民が漁業基地を借地
明治時代	種子島家から政府に返還
１８７２（明治５）	種子島西之表の士族が馬毛島全島を借地して牧畜の「牛牧舎」設立
１８８０（明治13）	農商務省の緬羊試牧場となる
１９１３（大正２）	民間（東京在住者）に払い下げ
１９２４（大正13）	神戸在住者に全島転売
１９４１（昭和16）	海軍が岳之腰に機関砲座を有するトーチカ設置
戦後	農地解放により政府が約６割の４８０ヘクタールを買収
１９５１（昭和26）	開拓農民が入植開始
１９５２（昭和27）	榕城小学校馬毛島分教場で授業開始（児童７人）
１９５３（昭和28）	榕城小学校馬毛島分校開校。榕城中学校馬毛島分教場で授業開始
１９５５（昭和30）	榕城中学校馬毛島分校開校
１９５９（昭和34）	住民は１１３世帯、５２８人
１９６２（昭和37）	製糖工場馬毛島工場設立
１９６３（昭和38）	市営連絡船「馬毛島丸」（19トン）就航
１９６４（昭和39）	馬毛島小・中学校が独立
１９６５（昭和40）	新光糖業馬毛島工場閉鎖
１９７４（昭和49）	「馬毛島開発」（現タストン・エアポート）社設立
１９７７（昭和52）	西之表市と馬毛島開発が進出に関する協定書
１９８０（昭和55）	馬毛島が無人島になる
	石油備蓄基地の候補地として石油公団が現地調査
１９８６（昭和61）	防衛庁が超水平線レーダー施設の設置構想
１９８９（平成１）	鹿児島市立少年自然の家が無人島（馬毛島）体験キャンプ「大自然へのトライ＆トライ」開始（２００２年まで）
１９９５（平成７）	宇宙往還機（日本版スペースシャトル）着陸基地の誘致運動
１９９９（平成11）	使用済み核燃料の貯蔵施設誘致の動き
２０００（平成12）	馬毛島開発の採石事業を鹿児島県が許可
２００３（平成15）	馬毛島開発による場外離着陸場設置の林地開発を鹿児島県が許可
２００６（平成18）	米空母艦載機の岩国移転に日米政府が合意
２００７（平成19）	米空母艦載機の離着陸訓練（ＦＣＬＰ）の馬毛島移転案報道
２０１０（平成22）	米軍普天間飛行場の移転先候補地の一つに浮上
２０１１（平成23）	日米両政府が馬毛島をＦＣＬＰの恒久的施設の候補地にすると共同発表

編者あとがき

一九九四年五月、末期の肺がんで入院した父は、約一ヶ月後に亡くなりました。病床の父はそばにいる私にたびたびこう語りかけました。「匡利《ただよし》、僕もずいぶん痛くて苦しいんだが、種子島の人たちは大丈夫だろうか」。最後まで種子島のことを、生活する人々のことを自分のことよりも心配していました。

父は種子島で生まれましたが、祖父が当時中国で数多勃興しつつあった新聞社のひとつ中国語新聞「泰東日報」で主筆をしていたため、家族全員が大連へ移住した経緯をもっています。父が幼少のころでした。祖父が中国へ渡り新聞発行にかかわるきっかけをつくったのは祖父の従兄で大阪朝日新聞の主筆西村天囚でした。晩年、「泰東日報」以前、中国語新聞「順天時報」で編集長をしたことで思い入れの深かった北京へ単身転居し、そこで没した祖父以外の家族が、大戦後、順次帰島しました。長い空白期を経ての帰島、「種子島でさえ空襲をうけていてね、変わり果てていたんだ。」と述懐した父でした。

父は、郷土史家として島内外のいろんな人々に種子島を語り尽くしたと思います。残った資料を整理するにつけ、病院でのあの時間あの会話を思い出すにつけ、種子島と生活する人々への私心のない思いの深さに行き着きます。社会的使命感の表明だったと、今思えます。

臨終の時の言葉は、「もぅ謎はないょ、すべてがひとつにつながった」、お腹をポンとひとつたたいて「もうやめた」でした。そしてスゥーッと幽明界を異にしたのです。半生を郷土史家として生きた満足感と、種子島への感謝が伝わってきました。

今回八板俊輔さんとの出会いがあって、この「馬毛島異聞」が出版されることになりました。八板さんの行動力と熱意に心から感服し感謝します。また最晩年、緑内障で視力を失い、足も不自由になった父の、目となり足となったのが牧瀬真都子さん、牧瀬さんをはじめとする協力者のおかげで亡くなる直前まで、納得のいく仕事ができたのだと確信します。種子島文化を語る際不可欠な故鮫島宗美氏の偉業の一つ、昭和二十五年発刊雑誌「熊毛文学」を皮切りに、地元雑誌「ひょうたん島通信」への寄稿や最後の仕事となった西之表市の広報誌の連載コラム「散歩道」で、新たな問題提起も含めながら、種子島郷土史中の謎をひとつずつ明快に解きほぐした成果は、実に種子島を愛する人々、島民のものだと思います。

未発表の原稿、「犬神記」「犬の馬場事件」「きりしたん三代」などがまだあるので、追い追いみなさんに読んでもらえるようしていきたいと思っています。

最後に、父が作詞した「熊毛小唄」の創作背景と全歌詞を、平成三（一九九一）年十一月一日発行の種子島の雑誌「ひょうたん島通信」から抜粋引用します。

私の満州ひきあげは昭和二十一年九月十二日、翌日から急性肺炎で三ヶ月臥床生活。

馬毛島小の教室。1980年休校、95年12月廃校
複式学級だったので黒板が二つある

そして武部《ぶぶ》の山（大戸切）での開拓生活。はじめは小牧の開拓（仮住まいの家）から武部まで通った。そして武部に小屋を作って通ったり泊ったりの日々だった。（中略）

そんな時、鹿児島県教育委員会事務局熊毛出張所の発足を機に、六・三・三制の新教育をふまえて、新しい熊毛の希望と意気と情緒とをうたってほしいとの歌詞依頼だった。神社仏閣さえうたわなければ、用語・行数・節数・形式は一任するとの好条件だった。

私は二日というもの、日がな一日、夜はランプの下で、夜どおしでペンを握った。

その中で心をよぎるのは、奄美、沖縄の海と続かない熊毛の海の悲しさだった。思い余った末、〝寄せる親潮、情の澪《みお》（航跡《みお》）も〟の歌詞を得たときはうれしかった。北の親潮の情を受け止めているこの海、この航跡がさらに南へ伸び届く日を、と私は念じる心境

馬毛島小・中学校の校庭

だった。そして今も、この歌詞はそのまま残しておきたいと思う。また、種子島は書生貧乏と自嘲する人もあった。書生とは人材輸出の事であった。思えば、明治以来、どれ程の人材を内地へ送り出していることか。これは私たちのもっと誇るべきことではあるまいか。〝国を担《にの》うた子の歌のせて、南風ふけ海こえて〟、これは私の歓喜《よろこび》の気持ちである。こうして熊毛小唄の歌は三日目に届け、曲は県の音楽指導員の田中義人氏の跳躍音符にのる明るい曲想に生かされ、忽ち熊毛全土で愛唱されるようになった。これは私にとっては望外の歓びだった。

〈熊毛小唄歌詞〉

一　杉の八重岳雲間に晴れて、呼べば答える
　　薩摩富士
　　寄せる親潮情の澪も、光る熊毛の海と島

朝日夕映え絵になる船は、旗も大漁の馬毛がえり

二　若狭しのべと赤尾木しぐれ、ぬれて椿は散るものを
あれは袈裟女か草刈る影が、甘蔗《いも》の葉かげにちらほらと
馬にせかれて手綱をとれば、なまじ松虫露になく

三　月の浦々魚に明ける、島は名どころざこどころ
吹いてくれるな西風荒れりゃ、波路一重がままならぬ
せめて私の黒髪のうて、屋久と種子とをつなぎたや

四　学びの庭に教えの道に、今日は新たな鐘がなる
のぞみあふれる胸から胸へ、ひかる熊毛の朝ぼらけ
国を担うた子の歌のせて、南風ふけ海こえて

編者　平山匡利《ただよし》

平山武章（ひらやま　たけあや）

明治42（1909）年、種子島西之表市に生まれる。大正8（1919）年、満州大連に渡り、大連一中卒業。のち満州国立緑園学院で、女真族の歴史、民俗を研究した。東京「詩の家」および「歌謡詩人」に参加。昭和12年（1937）『成吉思汗は斯く言えり』出版。昭和17年（1942）年より満州国治安部調査股に勤務。昭和21（1946）年、引き揚げ後、西之表市・農業高等学校、榕城中学校の教員を経て市教育委員会勤務。同時期、種子島郷土史について文章を記す。昭和46（1971）年『鉄砲伝来記』出版、昭和58（1983）年『ふるさとの想い出・写真集〈明治大正昭和〉西之表』の編者。西之表市文化財保護審議委員、同選挙管理委員、同文化協会長、同社会教育委員、同図書館協議会委員を務める。種子島の歴史、民俗研究の第一人者。他の編著書に、『西之表市百年史』『わたしたちの種子島《民俗編》』『同《歴史編》』がある。1994年没。

馬毛島異聞

二〇一三年九月一日初版第一刷発行
著　者　平山武章
編　者　平山匡利
発行者　福元満治
発行所　石風社
福岡市中央区渡辺通二―三―二十四
電　話　〇九二（七一四）四八三八
FAX　〇九二（七二五）三四四〇
印刷製本　シナノパブリッシングプレス